はじめに

　国語科とは、何を教え、どのような力を身に付けさせる教科なのか。この問題に答えるには、まずは学習指導要領に根拠を求めて、それに沿って考えていくことが公立小学校の先生にとっては正しい方法であろう。あるいは、大学研究者の著書などから理論を学んで、それを基に考えていくことも有益であろう。だが、実際のところ、このような体系立てられた知識や専門的で高度な知見に拠らずとも、小学校現場の先生は、日々子どもの前に立ち、国語の授業を行っている。

　そもそも成熟した言葉の使い手である大人であれば、言葉に関する知識や認識、技能は、言語生活の中で経験によって身に付けてきているはずである。小学校の先生が国語の授業をする時、まず、この知識や技能に頼ろうとするのは、当然のことであろう。私は、このような知識・認識を「国語科に対する素朴概念」とでも呼びたいと考えている。そして、国語科の学習指導が、学習指導要領や国語教育理論にふれる前に身に付けた経験的で素朴な概念に基づいて行われているという事実に目を向けたい。私たちは、学習指導要領が理論的に整理し体系付ける以前に、すでに話す・聞く・書く・読むといった言語活動を日常的に行っており、その実感を足場にすることを抜きにして理論は理解できないからである。

　そこで第1部　国語科内容論では、国語科の内容を、まずは素朴に実感的に整理することから始めたい。例えば、「書くことの指導事項は何か」を問う前に、「私たちは普段、どのような種類の文章を書いているか」と考えたり、「話すことの学年目標は何か」を問う前に「上手に話すには、何ができなければならないのか」と考えたりしたい。そして、それらの素朴で経験的な知識や認識が、どのように構造化され、系統的に整理されているのかという視点で学習指導要領を見ていくこととする。

　次に第2部　国語科指導法では、学習指導過程のモデルを具体的な教

材に即して提示することに重点を置く。そのモデルは、新しい学習指導要領が求める改善の方向を示すものとしたい。新しい方法、考え方であるから、学生諸君や先生方が経験したことのないものが多く含まれる。そのため具体的なイメージをもちにくいかもしれない。そこでできる限り細かなステップ、指導の手順を示すことにするが、これは定式化された方法をハウツウとして伝授するためではない。授業を具体的に想起するための手立てであり、読者が実践に移す時には、子どもの実態に合わせて自由に改変し工夫されることを期待してのものである。理論は、具体的な方法を潜らせることで、血肉化していくものであろう。

　加えて、発問や指示、板書などの細かな指導技術についてもできる限り伝えていきたい。これらは本来、経験豊かな実践者から、その姿を通して"知"として、直接学ぶべきことだが、若い先生方の比率が高まっている現状では、本書のようなテキストから学ぶことも意義がある。できる限り具体的に記述し、方法原理とともに伝えたいと考えている。

　本書の作成に当たっては、田近洵一・井上尚美編『国語教育指導用語事典　第四版』（教育出版、2009）などの基本的な用語解説書を主な参考資料とした。本来なら、最新の論文や書籍等から研究知見を取り入れるべきところであるが、入門書としての役割を優先させるため、できる限り基礎的・基本的で平易な説明にとどめることとした。加えて、各章には ワーク を随所に設定して、読者が自分自身の経験や考えを整理しながら読み進められるように工夫した。

　「国語の授業をどう進めればいいのか分からない」「国語の授業がうまくいかない」という先生や実習生は多い。このような現場の悩みに応えるのが、本書のねらいである。学校現場の先生方は、学級の子どもたちと明日の授業を想起しながら、また学生諸君は、やがて教室に立つ自分をイメージしながら本書を読み、考え、自分なりの国語の授業をつくり上げていっていただければと願うところである。

　　　2019年3月　　　　　　　　　　　　　　　　　　　　辻村敬三

もくじ

はじめに

第1部 国語科内容論

第1章 国語科とはどのような教科か
1 "言葉を学ぶ"ことの本質と国語科学習指導の在り方　　10
2 学習指導要領「国語」の目指すところ　　15

第2章 「話すこと・聞くこと」の内容
1 話す・聞く活動の実相と教育実践上の課題　　22
2 「話すこと・聞くこと」の学習活動　　25
3 学習指導要領の読み解き　　38

第3章 「書くこと」の内容
1 書く活動の実相と教育実践上の課題　　48
2 "文章を書く"とはどのようなことか　　49
3 学習指導要領の読み解き　　55

第4章 「読むこと」の内容

1　読む活動の実相と教育実践上の課題　　66
2　「読むこと」の学習対象…文章の種類　　76
3　学習指導要領の読み解き　　84

第5章 〔知識及び技能〕

1　〔知識及び技能〕の実相と教育実践上の課題　　102
2　〔知識及び技能〕の内容　　103

ショートコラム

1　「話す・聞く・書く・読む」の順番は？　14
2　小学校から始まる「二次的ことば」　23
3　学習指導要領で使われる用語　45
4　分かち書きの必要性　49
5　「あのね作文」の功罪　53
6　指導事項の"引っ越し"？　59
7　「随筆」の来し方行く末　63
8　「三読法」　75
9　国民文学「ごんぎつね」　80
10　小学校と中学校の統一カリキュラムの実現　96
11　三つのローマ字　106
12　音読・黙読・朗読の歴史　119

第2部 国語科指導法

第1章 授業改善の方向
1　「主体的・対話的で深い学び」　138
2　これまでの国語科授業の問題点　143
3　学習指導過程改善の方向　149
4　今求められる国語科の学習指導過程　151

第2章 授業づくりの方法
　　　　―「読むこと」（物語）―
1　単元の学習指導過程　160
2　1時間ごとの学習指導過程　177
3　学習評価の方法　182
4　学習指導案の作成　189

第3章 基本となる言語活動の学習指導過程
1　説明的な文章を読む（読むこと）　194
2　スピーチをする（話すこと・聞くこと）　210
3　論理的な文章を書く　219

第4章 国語科の指導技術

1　指導言（指示・発問・説明・評価）　　　236
2　学習形態とその指導法　　　242
3　話し合いの指導　　　247
4　板書の技法　　　252
5　ノート指導　　　260

ショートコラム

1　言葉による見方・考え方　　142
2　"手引き"の活用　　164
3　発表原稿は書かせないのか？　　218
4　文章構成と言えば、「はじめ・中・おわり」？　　232

第1部
国語科内容論

第1章
国語科とは
どのような教科か

1　"言葉を学ぶ"ことの本質と国語科学習指導の在り方

国語科でなすべきこと

　最も素朴、簡潔に述べるとすれば、国語科で取り扱う事柄は、次の四つである。

　①言葉そのもの、②言葉の使い方、③言葉を使った知的な活動、④言葉を使った文化・芸術

　これを、小学校の教員が国語科という教科でなすべきこととして言い換えると、次のようなことになろう。

①文字や語彙など、日本語を使う上で必要な基本的な知識を身に付けさせる。

　例えば、平仮名や漢字の習得、慣用句や敬語などの言葉に関する知識、あいさつや会話などの仕方を教えたり、練習させたりして身に付けさせることなど。

②日常的で基本的なレベルで、話す、聞く、書く、読むといった言語活動ができるようにする。

　例えば、文章を読む、自分の思いを話す、人の話を聞く、必要なことを書いて伝えるなど、日常生活、社会生活に必要な言語活動ができるようにすること。

③ひとまとまりの学習活動として行われる国語科ならではの学習活動であり、同時に全ての教科の学習の基盤となる言語活動ができるようにする。

　例えば、スピーチをする、文章を書く、説明文を読むなど、ひとまとまりの学習活動の中で「順序立てて話す」などと身に付けさせたい力を明確にして学習指導を行うことなど。

④文学を読んだり、詩を書いたりするなど、文化・芸術として言葉を使うことを楽しむ素養を培う。

例えば、教科書の作品を読んで感想を交流する、詩を書いて発表し合うなど、鑑賞や創作発表を中心とした学習活動など。

国語科の"分かりにくさ"と"言葉を学ぶ"ことの本質

では、実際の国語科の教科書では、これら四つは、どのように配置されているのだろう。

小学校国語科の教科書の目次を見てみると、物語や説明文などの長い文章教材の間に「考えたことを話し合おう」や「観察レポートを書こう」などの多様な単元が配置されていて、しかも、その合間に「敬語の使い方」「和語と漢語」など、細かな内容がちりばめられている。

また、それぞれの単元で、何をどこまで学習するのか、「ねらい」に当たる文言がサブタイトルやリード文の形で掲げられているが、その言葉がどれも漠然としていて分かりにくい印象を受ける。

このことは、国語科という教科が抱える課題ではあるが、同時に"言葉を学ぶ"ということの特性からくる必然でもある。

子どもは、小学校に入学してしばらくすると、平仮名を１文字ずつ習い始める。先生が平仮名を一画ずつ丁寧に黒板に書き、子どもはそれをノートに書き写し、繰り返し練習していく。だが、45分間の国語科の授業は、それだけで終わるわけではない。練習の前後に、「あ」の付く言葉を出し合ったり、口形（発音に合わせた口の開け方や形）に気を付けて「あさひにあいさつあいうえお」などと大きな声で読んだり、関連した活動が組み合わされて行われていく。

また、文学作品を読む授業でも、そこで行われる学習活動は、文章を読むことだけにはとどまらない。文章を声に出して読んだり、そこでの気付きを話したり、ノートに書いたり、分からない熟語を辞書で調べたりといった様々な言語活動を織り交ぜながら学習活動が進められていく。

このような国語科の学習では、話す・聞く、書く、読むという言語活

動は、並行し絡み合いながら進んでいく。また、子どもが意識を向ける対象は、時に教科書に書かれている文章であったり、友達の発言であったり、新しく出てきた単語であったりと、目まぐるしく動いていく。子どもは、話す・聞く、書く、読むといった、異なる種類の言語活動を同時に並行させて使いこなしながら、国語の学習を進めているのである。国語科の授業が「分かりにくい」「難しい」と感じる理由の一つがここにある。

複合的な言語活動としての国語科学習

　だがこれは、国語科の学習指導を難しくするハードルの一つではあるが、解決し排除すべき問題ではない。むしろ"言葉を学ぶ"という行為の本質に則した学習活動の在りようだと捉えるべきである。

　言葉を使うということは、話す・聞く、書く、読むという行為を複雑に、あるいは臨機応変に絡ませながら行われるものであり、"言葉を学ぶ"ということは、そういう言葉の使い方ができるようになることにほかならない。したがって、国語科の学習指導も、そのような"言葉を学ぶ"本来の姿に則しながら構成することが必要であり、授業の中で四つの言語活動を複合させた言語活動を豊富に経験させることが肝要である。

　ただし、それを漫然と行わせるだけでは、子どもの能力は育成されない。「話す・聞く、書く、読む」を絡めた言語活動を進めつつ、今日の授業で国語の能力の何を育て身に付けさせるのか、主軸となるねらいを定める必要がある。これがすなわち指導目標であり、教科書には、各単元の冒頭に「ねらい」として示されているものである。指導者は、この「ねらい」を達成することをその単元の主目的として授業を進め、単元末には、「ねらい」に則した評価規準によって、個々の子どもの達成状況を評価していくのである。

　さらに、主軸となる学習活動に絡めながら、新出の言葉の意味を捉え

させたり、考えたことを的確に伝える話し方を指導したりするなど、関連する事柄についても、それぞれの指導目標を意識しながら進めていく必要がある。これらの取組は、単元の評価としては明示されないが、国語科の学習指導には欠かせない要素である。国語科の指導者は、種々様々な事柄を常に意識して、学習活動の中に織り交ぜながら地道に着実に指導を積み上げていくことが求められるのである。

このように考えると、国語科の授業が、様々な言語活動を組み合わせて進められていることの本質的な意味やねらいが見えてくるのではないだろうか。また、国語科の教科書の構成が領域を複合して構成されていることの意味が理解でき、単元や各時間のねらいを見定めて、効果的に活用することができるのではないだろうか。

ワーク1

子ども（4年生）から、「国語って、どんなことを勉強するのですか。よく分かりません」と質問された時、どのように答えるか。学ぶ内容、学習の方法、身に付ける力の三つを含めて、簡潔に述べてみよう。なお、子どもに語る文体（話し言葉）で記述すること。

【ワーク解説】

子どもが具体的にイメージをもち、国語の学習をやってみたいという意欲をもてるように話すことがポイント。学ぶ内容は、「①言葉そのもの、②言葉の使い方、③言葉を使った知的な活動、④言葉を使った文化・芸術」の四つ。これを4年生の子どもに分かる言葉にする。学習の方法は、"言葉を学ぶ"言語活動の本質を「話す・聞く・書く・読む」という言葉を使いながら、具体的な例を挙げて説明する。身に付ける力は、4年生の子どもの日常生活を想起して、「〇〇できる力を身に付ければ、いつもしている□□が、さらに◇◇できるようになる」という内容を盛り込みたい。

ショートコラム 1　「話す・聞く・書く・読む」の順番は？

　具体的な言語活動としての、この四つ。どの順に挙げていくのか。実は、歴史的な変遷がある。学習指導要領としては、昭和22年に試案として出されたものが最初だが、「話す・聞く・書く・読む」という文言が登場するのは、昭和33年版からである。

　昭和33年版　Ａ聞くこと、話すこと、読むこと、書くこと
　昭和43年版　Ａ聞くこと、話すこと　Ｂ　読むこと　Ｃ　書くこと
　昭和52年版　Ａ表現（＊書く、話すの順）　Ｂ理解（＊読む、聞くの順）
　平成元年版　Ａ表現（＊話す、書くの順）　Ｂ理解（＊聞く、読むの順）
　平成10年・20年・29年版　Ａ話すこと、聞くこと　Ｂ書くこと
　　　　　　　　　　　　Ｃ読むこと

　以上から、この順番は、不動不変のものではなく、その時代がどの言語活動を重視していたかによって、微妙に位置が変わってきたということが分かる。現在は、話すことと聞くことを一体のものとして「話す・聞く」と表記し、「書く」、「読む」が続く。表現活動が重視されていることの一つの表れであろう。

2　学習指導要領「国語」の目指すところ

国語科で育成する資質・能力

　平成29年7月に告示され、平成32年度に全面実施の小学校学習指導要領（以下、これを「学習指導要領」と呼び、平成20年告示版は「平成20年版」もしくは「前学習指導要領」と呼ぶこととする[*1]）では、「第1章　総則」に続く「第2章　各教科」の第1節が「国語」に充てられている。

　今回の改訂では、学習指導要領全体として、学校教育が目指すところを、「育成を目指す資質・能力」という言葉で示している。それを受けて国語科では、「第1　目標」において国語科の「教科の目標」を次のように示している。

> 　言葉による見方・考え方を働かせ、言語活動を通して、国語で正確に理解し適切に表現する資質・能力を次のとおり育成することを目指す。

　国語科で育成すべき資質・能力は、**国語で正確に理解し適切に表現する資質**と能力である。簡単に言えば、国語を使って「理解する」ことと「表現する」ことの二つなのだが、それぞれに「正確に」と「適切に」という質的な程度、目標が付されている。

　さらに、この目標を達成する過程にも、**言葉による見方・考え方を働かせ**と**言語活動を通して**ということが求められている。

　これはすなわち、理解すること、表現することを単なるスキルとして教えてもらったり、機械的な反復練習によって身に付けたりするのではなく、話したり、聞いたり、書いたり、読んだりといった実際の言語活

動を行う中で自覚的に身に付けていかなければならないということである。さらに、その言語活動は、「言葉による見方・考え方を働かせ」たものでなければならない。「言葉による見方・考え方を働かせる」とは、「対象と言葉、言葉と言葉の関係を言葉の意味、働き、使い方に着目して捉えたり問い直したり」(小学校学習指導要領解説国語編[*2] 以下、「解説」と省略)することである。学習者である子ども一人一人が実際に言葉を使う中で、しかもそこに言葉の特性に則した子ども自身の思考を伴わせながら、正確な理解と適切な表現の力を身に付けさせていかなければならない。このようなことが、教科の目標の前段に示されている。

資質・能力の三つの柱

続いて、後段では、国語科で具体的に目指すべきことを三つの項を立てて示している。「解説」では、今回の改訂で強く打ち出されている「知識及び技能」、「思考力、判断力、表現力等」、「学びに向かう力、人間性等」という"三つの柱"を当てて表の形で整理している(「解説」P196)。

知識及び技能	(1) 日常生活に必要な国語について、その特質を理解し適切に使うことができるようにする。
思考力、判断力、表現力等	(2) 日常生活における人との関わりの中で伝え合う力を高め、思考力や想像力を養う。
学びに向かう力、人間性等	(3) 言葉がもつよさを認識するとともに、言語感覚を養い、国語の大切さを自覚し、国語を尊重してその能力の向上を図る態度を養う。

ここに示されたように、国語の能力を三つの柱で捉えることは、互いに異なる視点から学力を分析的に見ることであり、国語科の学習指導を考えていく基盤となるものとして重要である。ただし、ここで示されているのは、国語科全体を包括的に捉えた上で、方向として示された目標である。したがって、より具体的にイメージするためには、学年ごとに

示された目標を見ていくことが必要になる。

「解説」では、学年ごとの目標を、「知識及び技能」「思考力、判断力、表現力等」「学びに向かう力、人間性等」の三つの柱を縦の軸に、2学年くくりの発達段階、すなわち1・2年、3・4年、5・6年を横の軸にしたマトリックスで整理している（「解説」P196）。ここから、文言を省略しつつキーワードだけを抜き出して整理すると次のようになる。

　＊学習指導要領では、「第1学年及び第2学年」と表記されているが、本書では、「1・2年」「3・4年」「5・6年」と略して表記する。また、「低学年」「中学年」「高学年」と表記する場合もある。

	1・2年	3・4年	5・6年
知識及び技能	日常生活に必要な国語の知識や技能…身に付ける		
	我が国の言語文化…親しむ　理解する		
思考力、判断力、表現力等	順序立てて考える	筋道立てて考える	
	感じたり想像したりする	豊かに感じたり想像する	
	日常生活における人との関わりの中で伝え合う力を高め		
	自分の思いや考えを		
	もつ	まとめる	広げる
学びに向かう力、人間性等	言葉がもつよさ		
	感じる	気付く	認識する
	楽しんで読書	幅広く読書	進んで読書
	国語を大切にして		国語の大切さを自覚して
	思いや考えを伝え合おうとする		

「知識及び技能」 では、全学年を通じて「日常生活に必要な国語」と「我が国の言語文化」が学びの対象とされている。ちなみに、「日常生活」は、中学校では「社会生活」、高等学校では「実社会」と次第に高度化、実践化が図られていく。また、「我が国の言語文化」については、小・中学校では、「親しんだり理解したり」であるが、高等学校では「言語文化の担い手としての自覚をもち」とされている。親しむこと

から始まり、"言語文化の担い手"へと次第に高度化されていく系統性が見てとれる。

「思考力、判断力、表現力等」は、表の上から順に、考える力、感じたり想像したりする力、伝え合う力の三つのラインで整理することができる。「解説」では、このような言葉で説明されているが、論理的、文学的、コミュニケーションという言葉で言い換えた方が分かりやすいかもしれない。

考える力のラインは、1・2年は「順序立てて」、4・5年からは「筋道立てて」とされている。ちなみにこれが中学1年まで続き、中学2、3年で「論理的に」となる。思考力・判断力・表現力の中身としてこれだけでは、大枠過ぎてイメージがもちにくいのだが、各学年、各領域の内容のところで「比較」「分類」「根拠」など、より具体的で分かりやすい言葉で示されている。

感じたり想像したりする力のラインは、1・2年の「感じたり、想像したり」に、3・4年からは「豊かに」が付加される。ちなみにこれが中学1年まで続き、中学2年で「共感したり、想像したり」、中学3年で「深く共感したり、想像したり」となる。こちらの力は、各領域の内容を見ても、どのような方法で感じたり、想像したりするのか具体的なものは見えにくい。言葉によって想像したり感じたりすることの学習活動の難しさの一つであろう。

伝え合う力のラインは、場の設定を「日常生活における人との関わりの中で」とした上で、「自分の思いや考え」を「もつ」→「まとめる」→「広げる」と系統立てられている。ちなみにこれが中学1年まで続き、中学2年以降は、「社会生活」「広げたり深めたり」となる。

「学びに向かう力、人間性等」は、言葉のもつよさ、読書、伝え合おうとする態度の三つのラインで整理できる。

言葉のもつよさのラインは、「感じる」→「気付く」→「認識する」と言葉に向き合う姿勢の質が徐々に高められていく。ちなみに、中学で

は「言葉のもつよさ」が「言葉がもつ価値」となり、中学1年で「気付く」、中学2年以降は「認識する」となっていく。

　読書のラインは、「楽しんで」→「幅広く」→「進んで」と、読書に向かう姿勢が示されている。ちなみに中学1年までの「進んで」は、中学2年で「読書を生活に役立て」、中学3年で「読書を通して自己を向上させ」と、一気にその質を高めていく。

　伝え合おうとする態度のラインでは、「思考力、判断力、表現力等」の欄とは違った視点で（つまり、伝える内容や伝え方ではなく）、伝え合おうとする姿勢や態度そのものが目標として示されている。「学びに向かう力、人間性等」という資質・能力が、国語科においては、「伝え合おうとする態度」として表れるものであり、それは具体的な行動や活動によって示されると理解すべきであろう。

＊1　文部科学省「小学校学習指導要領（平成29年告示）」平成29年3月
＊2　文部科学省「小学校学習指導要領（平成29年告示）解説　国語編」平成29年7月

第2章
「話すこと・聞くこと」の内容

1 話す・聞く活動の実相と教育実践上の課題

　子どもは、小学校に入学する以前から、日常生活の中で話したり聞いたりすることを不自由なく行ってきている。小学校に入ってから本格的に習い始める読むことや書くことにくらべて、入学時の子どもの話す・聞く力は、格段に高いものとなっている。したがって、話すこと・聞くことの学習指導は、新しいことを一から教えるというより、すでにできていることの質を高める指導であると言える。

　すでにできていることの質を高める指導は、案外難しい。子どもにとっては、ある程度不自由なくできているのだから学習の必要感が薄い。無自覚なうちにできてしまっているから、話し方や聞き方をあれこれ言われてもピンとこない。また、教える側の指導者にしても、話すことや聞くことを授業として取り扱うにはどうすればいいのか、具体的に思い浮かばないことも多い。

　ここに、話すこと・聞くことの学習指導の課題が示されている。すなわち、日常生活の中で無自覚に行われている、話す・聞くという言語活動を教材として再構成するにはどうすればいいのか、また、その際、どの学年でどの程度、話すこと・聞くことができればいいのか、どのような指導目標を設定すればいいのかといった、話すこと・聞くことの学習指導を具体的にイメージしていくことが求められているのである。

　話すという言語活動は、場所の環境や、その場の雰囲気などによってその性質が大きく変わってくる。話し手の気構えだけでなく、声の出し方や話し方など無意識のうちに対応させているはずである。

　また、相手がどういう人なのかによっても、話し方は変わってくる。互いによく知っている親や友人なのか、知ってはいるがそれほど親しくない人か、まったくの初対面なのか。それによってくだけて話すか敬語

で話すかなど、相手との距離感や対し方が微妙に違ってくる。加えて、相手との間には、互いに何を知り合っていて、どこまで伝えればいいのかなど暗黙の前提のようなものがあり、話し手は、それも考慮しながら話を進めていかなければならない。

さらに内容によっても、話の組み立て方や話し方が変わってくる。たわいもない日常生活の話題か、間違いなく伝えなければならない大事な用件か、学んだり考えたりした論理的なことか。それによって、使う言葉や順序、口調までも変わってくるはずである。

聞くという言語活動は、話すこととほぼ同じ観点で分類することができる。ただし、"聞き方"については、相手の目を見る、相づちを打つなどの態度面だけに注目してしまいがちだが、理解したことを自分なりに整理して再構成することや、相手にフィードバックする方法などにも目を向けたい。また、話すことと違って、テレビやパソコンなどの機械からの音声を相手として想定できることも聞くことの特徴の一つであろう。メディアへの接し方という点からも、見過ごしてはならない観点であろう。

ショートコラム 2　小学校から始まる「二次的ことば」

幼稚園や保育所で幼児期を過ごし、小学校に入学した子どもたちは、これまでとは違った"言葉の世界"に入ることになる。

岡本夏木は、『小学生になる前後』[*1]において、幼児期の言葉を「一次的ことば」、小学校での言葉を「二次的ことば」としてその質の違いを指摘している。

幼児期の言葉すなわち「一次的ことば」とは、次のような特徴をもつ。

(1) 現実的な生活場面で具体的な状況と関連して用いられ、そうした場の状況的文脈に支えられて意味を伝える。
(2) ことばをさしむける相手が、たいていの場合は自分がよく知っている比較的限られた親しい人である。

(3) その親しく知っている人との原則的には一対一の会話をとおして、コミュニケーションが深められる。
　これに対して、小学校の授業場面での言葉は、次の点で質的に異なるものであるという。
　(1) 現実場面を離れたところで、間接的にそれについてことばで表現することが求められる。状況の文脈の援助にたよることがむつかしく、ことばの文脈だけにたよるしかない。
　(2) 自分と直接交渉のない未知の不特定多数の人たちや抽象化された聞き手一般を想定して言葉を使うことが要求される。
　(3) 一対一の会話による相互交渉としてではなく、自分の側から一方向的伝達として行われ、話のプロットを自分で調整しなければならない。
　すなわち、それまで自分のことをよく知ってくれている人と、共有する経験を基にした対話の中で話をしていた子どもたちが、小学校に入学したとたん、現実場面から離れ、知らない人に向けて、自分の責任で言葉を使っていかなければならないわけである。岡本は、「これは子どもにとって、むつかしい新たな経験なのです。時には奇妙な経験としてさえうけとれるかもしれません。しかし、おとなたちは、そして先生も、子どもが直面する困難やとまどいに、案外気づいていないように私には思われます」と述べている。国語教育に携わる者として肝に銘じておくべきことである。
　ちなみに、岡本夏木の著書『子どもとことば』（岩波書店）は、1982年の初版以来、2017年現在51版を重ねる名著である。子どもの発達、言葉の発達について学べるだけでなく、教育者として子どもとその言葉にどのように向き合うべきか、文章の随所から垣間見える指導者の姿から学べることが数多い。引用した著書と併せて一読をお勧めする。

2 「話すこと・聞くこと」の学習活動

(1) 話すこと・聞くことの基礎・基本
　　…あいさつ・伝える・応答

あいさつ

> ◇**みんなで一斉にするあいさつ**
> ・朝の会や、帰りの会、授業のはじめ、おわりのあいさつの意義と言葉、それにふさわしいあいさつの仕方を考え、実行し振り返る。
> ◇**一対一でするあいさつ**
> ・「おはよう」から「おやすみなさい」まで、一日にするあいさつについて、意味や伝えたい気持ち、それにふさわしい言葉遣いなどを考え、実行し振り返る。
> ◇**大勢の人の前でするあいさつ**
> ・学級会や集会といった場で、発表などをする時にするあいさつを考え、実行し振り返る。

　小学校入学後、最初の「話す・聞く」学習は、指導者や友達にあいさつすることから始まる。教科書でも、指導者や友達と元気よくあいさつしている場面を描いた絵などが掲載され、一つの学習活動として設定されていることが多い。
　あいさつは、相手との関係を築く第一歩であり、「私はあなたと話がしたい」という思いを伝えるメッセージである。"躾"として指導者から一方的に強制したり、無自覚に繰り返したりするだけの活動にならないように、あいさつする場や機会、言葉や伝えたい気持ちなど、言葉遣いや態度を自分なりに考えたり話し合ったりした上で、教室で練習し、

実際の場で実践する。実践した後は、相手の反応や自分の振る舞い方などを振り返って学んだことをまとめるようにする。

伝える

> ◇自分のことを声に出して伝える
> ・「分かりません」「おなかが痛いです」など、自分の状況や要求を指導者や友達に正しく伝える。
> ◇見つけたことや思ったことなどを伝える
> ・教科書の絵を見て、見つけたことを話す。
> ・身近なことや経験したこと、その中で考えたこと、感じたことなどを話す。

「自己主張する」ことは、授業の中だけでなく、学校生活のあらゆる場で常に求められることである。子どもは、「できました」「分かりません」「トイレに行きたいです」など、自分の状況や要求を伝えることができなければ、学校での生活や活動の流れに飲み込まれて主体性を失っていく。入学してきた１年生がストレスなく学校生活を送る上で、必要不可欠な力であると言える。また、学習や生活の中で気付いたことや感じたことを言葉にして指導者や友達に伝えることは、学習という知的活動に参加することにほかならない。自分の感情や考えを伝えることは、学校という場で主体性を確立させていくために必要な第一歩であると言えよう。その際、「伝えることができる」というのは、実際に声に出して相手に向けて話せるということである。答えは分かるが恥ずかしくて言えない、自信がなくて声が小さくなるという状況では、国語科だけでなくほかの教科の学習もままならない。「おとなしい性格だから仕方がない」「いずれそのうち、できるようになるだろう」とせずに、国語科の授業として意図的、計画的に実施しなければならない内容である。

応答

> ◇先生からの"おたずね"に答える
>   ・一斉授業の形で質問に対する答えを考えさせた後、一人ずつ質問して答えさせる。
> ◇友達に質問する／友達の質問に答える
>   ・質問者、回答者の役割を決めて、ペアで行う。
> ◇グループや学級などの複数の人に対して質問したり、それに答えたりする
>   ・質問者は、質問→指名→回答への返答→次の指名…というように場をとり仕切る役割を担う。回答者は、指示に従って回答する。

　質問者からの質問を聞いて理解し、それに的確に答えられることが、"言葉のやりとり"を支える基礎的な力である。指導者の質問に答えることから始めて、友達とペアを組んで質問したり答えたりする活動、グループや学級のみんなに対して質問したり答えたりする活動というように、相手と場を広げていく。1年生では、入門期の指導として教科書にも設定されているが、その単元を丁寧に行うことだけでなく、その後も繰り返し指導して、低学年の間にしっかり身に付けさせたいところである。

　また、そのほかの学年でも、一学期の早い時期に時間をとって"応答"に関する授業を設定し、学年に応じた発言の仕方、質問―回答のルールやマナー、言葉遣いなどを考えさせ、実際にできるようになるまで練習させておきたい。子どもの発言が活発な学級は、授業の進め方や指導者の指導の力量が優れているだけでなく、自信をもって声を発することをねらいとした学習活動を日常的に積み重ねることでできあがっていく。

(2) 二人の間の言葉のやりとり…対話

　言語活動の具体的な形態という点から見ると、対話とは、「二人の人間の間で交わされる話し手と聞き手が固定されない双方向性のある言葉のやりとり[*2]」と定義される。

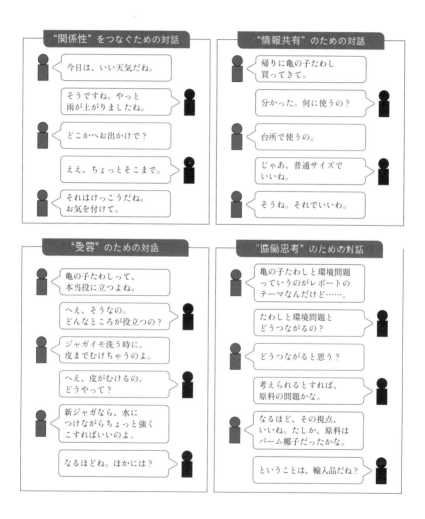

形態的には、二人の間の言葉のやりとりであるが、交わされる言葉の内容や性質、二人の立場、目指すところという観点から、次のような「対話」のモデルを示すことができる。

"関係性"をつなぐための対話

　ここでは、二人の間の関係性を確認するために、言葉のやりとりが行われる。交わされる内容には重要な意味はなく、とにかく「私とあなたは知り合いで、対話ができる間柄ですよね」という気持ちを共有することが目的である。あいさつということもできるが、それよりはもう少し踏み込んだ言葉のやりとりが行われる。

　ここで重要なことは、互いに親和的な態度（姿勢、視線、表情、声など）で臨むことと、相手と自分との関係（立場の違い、親しさの度合いなど）を意識することである。簡単なことのようだが、実はこの種の対話を苦手とする大人も少なくない。コミュニケーションの基礎力として、様々な相手を想定してロールプレイすることや、互いに自己紹介し合う活動など、学年に応じた場を想定した実践的な学習活動を行うことが必要である。

"情報共有"のための対話

　ここでは二人の間で共有すべき情報について、確認したり、認識のずれを補正したりすることを目的として、言葉のやりとりが行われる。どちらか一方が情報の提供者として話し、他方が質問することで内容や事柄について一つずつ確かめ合っていくやりとりを想定している。モデルでは、日常場面での対話を示したが、国語科の学習としては、あるテーマについて与えられた情報を基に対話するような学習活動が想定できる。その際には、互いの考えを出し合い深め合っていくことを前提として、言葉の定義や、情報の解釈を共同で丁寧に行っていくことが重要である。

"受容"のための対話

　ここでは一方が受容者としての役割を明確に意識し、相手の話を受容し、聞き出すことを目的として言葉のやりとりが行われる。受容者の立場に立つ方は、頷く、相づちを打つなどの受容的な態度で臨むとともに、質問する、相手の言葉を繰り返して確認する、話の先を促すなどの意図的な働きかけを行う。話す方は、質問や促しに誠実に答え、素直に自己開示していくことが求められる。

　学習場面での対話は、本来対等な立場で行われるものである。そこには、カウンセリングとして行われる際の相談者とセラピストのような立場は存在しない。だが、実際のところ対話を進める中では、どちらか一方が情報の提供者となり、もう一方がその話を受容し深める役割を担う局面がある。その局面においては、互いが自分の役割を認識し、意図的な発言や問いかけを行っていくことが求められる。

"協働的思考"のための対話

　ここでは両者が対等の立場で一つの課題について思考を深めていくような言葉のやりとりが行われる。基本的には、互いに問いを出し合い、それに答えていくことで対話が進められる。また、相手の発言を引き取って続けたり、問い返したり、敷衍したりするなど相互補完的なやりとりで思考が深められていく。さらに、対話の終盤では、より高いレベルで抽象化したり、普遍化したりしながら結論として明確な言語化が行われる。言葉のやりとりを通して協働的思考が進められるのである。

　このような協働的な思考のための対話を実現するためには、対話する当人たちが、対話の進め方や発言の仕方を承知した上で、自己制御しながらそれにふさわしく振る舞うことができなければならない。また、「つまり…ということですね」や「…については分かるけど、…という点についてはどうですか」など、対話による思考を深めるための具体的な発言ができなければならない。さらに、抽象化、普遍化するために必

要な概念的で抽象度の高い語彙を使えることも必要である。こうしてみると、協働的な思考のための対話は、かなり難易度の高い言語活動であると言える。研究授業の学習指導案などでは、「対話を通して意見を練り合わせる」や「対話により思考を深める」という言葉をよく目にするのだが、実際の授業になると、質の高い対話を実現させることはかなり難しいようである。ペアをつくってテーマを与えて対話を仕掛けてみても、一方だけが話していたり、形式的なシナリオに沿った言葉のやりとりで終わっていたりすることも多い。

　何を目指して、どのような手順で言葉をやりとりするのか、対話のねらいとイメージをもたせることがまず必要であろう。また、対話を進めるための方法とフレーズを具体的に教え、単純なテーマなどで練習することも必要である。さらに抽象化、普遍化に必要な語彙を対話のテーマに即して教え、対話の文脈の中で使えるようにもしなければならない。子どもに任せていただけでは、質の高い対話は実現しない。指導者からの意図的で明確な指導が不可欠なのである。

　また、このような力は、短期間で身に付くものではない。関係性から情報共有、受容、協働的思考へと、対話の在り方や方法を低学年から少しずつ高度化、複雑化させながら積み上げていくことが必要である。前節で述べた、あいさつする、伝える、応答するなどの「話す・聞く」活動が、対話の基礎を支えるものであり、協働思考の対話がその延長線上にあることは言うまでもない。

(3) 発表…スピーチ・プレゼンテーション

　ここでいう「発表」とは、一人の話し手が多数の聞き手に向けて話をする形態を想定している。スピーチやプレゼンテーションなど、ひとまとまりの学習活動として行われることが多い。だが、子どもたちにとっては、そのようなまとまった活動以前に、授業の中で指導者の発問に答えて話したり、係活動として教室の前に立ってみんなに何かを伝えたり

するなど、日常的に経験することの多い言語活動である。
　「発表」は、次のような要素・要因の組み合わせによって、多様な形態をとる。

〈表1〉

相手	人数	内容	時間	話し方	資料
・身近で既知の人 ・既知だが普段は関わりが薄い人 ・関係性の薄い未知の人など	・2、3人程度のグループ ・学級全体 ・全校 ・それ以上の多人数	・経験したこと ・伝えるべき情報 ・調べたこと ・意見や考えなど	・制限なし ・1分程度の短い時間 ・5分程度のひとまとまりの時間 ・10分以上の長い時間	・原稿を見る ・メモだけを見る ・覚えて話す	・表やグラフなどの紙資料 ・実物 ・動画 ・ペープサートなど

　例えば、小学校でよく行われている「日直による日替わりスピーチ」は、身近で既知の人である学級の友達に向けて、経験したことを1分程度の短い時間で、資料は使わずに用意してきた原稿を見ながら話す、という活動になる。あるいは、全校集会などで行われる学習発表は、既知だが普段は関わりの薄い全校のみんなに向けて、調べて分かったことをまとめて、10分間で資料をスライドに映しながら、発表原稿を読み上げる形で発表するという活動になろう。
　「発表」に当たっては、発表の主体者である子ども自身が、先に挙げた要素を十分に意識することが必要である。「発表する」という言語活動に含まれる要素を一つ一つ認識し、それにふさわしい言葉の使い方や振る舞い方を考えて実行していくことが重要なことと言える。そのためには、まず、指導者がこれらの要素を分析的に捉え、目の前にいる子どもをどのように指導していくのかを丁寧に考え、準備していくことが求められる。

> **ワーク2**

　国語科の教科書では、「発表する（スピーチ・プレゼンテーションなど）」は、どのように取り上げられているだろうか。学年を決めて教科書を調べ、具体例を一つ挙げて説明しよう。

【ワーク解説】

　先に挙げた要素・要因を観点として、教科書の言語活動を分析してみること。その際、単元の扉に示された目標や、手引きに示された手順なども参考になるが、そこには示されていない活動の特質や留意点についても考察することが重要である。教科書に設定されたスピーチなどの言語活動を一つのモデルとして、日常的な「発表する」という言語活動の質を高めていく視点を明確にしておくことが大切である。

（4）話し合い

話し合い…行う場と学習する場

　「話し合い」は、学校の教育活動の様々な場面で行われている。学級会での話し合い、班活動の中での話し合い、ちょっとしたもめごとの後の話し合い、道徳の時間の話し合い、算数の授業の中での話し合いなど挙げていけばきりがない。これらの話し合いに際しては、その都度指導者からその場や目的に応じた指導がなされており、子どもはそのような経験を通して実践的な話し合いの力を伸ばしていく。

　これに対して、国語科の授業では、話し合いそのものを学習の対象として、意図的、系統的な学習指導によって「話し合う」国語の能力を育成していく。学校生活における様々な場は、「話し合い」を手段として行う場であるのに対して、国語科の授業は「話し合い」を学習する場である。

「話し合い」の難しさ

　対話が一対一の言葉のやりとりであるのに対して、話し合いは、言葉を交わす相手が三人以上になる。対話の場合は、目の前の一人の言葉や話しぶりに注意を向けていればよかったのだが、話し合いでは、複数の人の言葉を聞き、理解し、反応しなければならない。また、対話の時には相手と自分の二つであった"考え"が、話し合いの場では三つ以上になる。話し合いに参加する者は、複数の考えを比較したり、分類したり、関係付けたりしながら、話したり聞いたりしていかなければならない。さらに一般的には、話し合いにはなんらかの結論が求められる。「A、B、Cの三つの考えが出されましたが、AにCの一部を加えてDという意見になりました」という結論を得てこそ、話し合った価値があることになる。そして、そのためには、話し手、聞き手に加えて、それぞれの考えを関係付け、整理しながら話し合いを進めていく第三の役割、すなわち「司会」が必要になってくる。

　こうしてみると、「話し合い」とは、なかなかに難しい言語活動なのである。話し合いに参加する子どもに求められる力は、先述した「対話」がベースになるのだが、相手が三人以上になることで、その質は格段に高くなる。それだけに、低学年から段階を踏んだ丁寧な指導が求められる。例えば、人数にしても、二人の次は三人、それから四人というようにステップを踏んで増やしていくことが必要であろう。また、話し合うテーマや話題についても、「AかBのどちらかを選ぶ」ことから始め、「AとBのよいところを合わせてCを考える」など、学年にふさわしい思考方法に沿って設定していくことが必要であろう。

(5) 聞くこと…メモ・要約

"聞く"活動の具体的な姿

　言葉を声に出して発する"話す"に対して、相手の言葉を自分の中に取り入れる"聞く"という行為は外からは捉えにくい。そのため、具体

的な学習活動としての姿が見えにくく、何をどう指導したらいいのか分かりにくい。どうしても「集中して聞きましょう」といった態度や、「相手の目を見て聞きましょう」といった関連する行動の指導に終わってしまう。

聞く能力を高めるためには、聞くことに関する学習活動に具体的な姿を与え、外から見えるようにすることがまず求められる。そのためには、聞くことを一つの技能として練習し高めていくことと、"聞いた"内容や成果を適切に表現する方法、すなわちアウトプットの技法を身に付け実践できるようにすることの二つが必要である。

聞いた内容や成果を表現する

ここで目指すことは、話し手の話を聞いて、その内容を要約した上で、自分の感想や考えなどを付け加えて話したり、書いたりできることである。それができるようになるステップとして、次のような学習活動を積み重ねていくことが必要である。

---
①話の内容をキーワードでメモする。
②メモしたキーワードを使って、話を再構成する。
③再構成した内容から一部を引用して、自分の感想や考えを話す。
---

①話の内容をキーワードでメモする

メモをとる時に、聞き取った音や語を逐一書き取っていたのでは、実際に使えるメモにはならない。まず、話の要点、あるいは骨格となる事柄を選んで書き留めることが必要になる。

例えば、「犬が歩いている。」という一文のキーワードは、「犬」と「歩く」である。ここでは「歩いている」を「歩く」と簡略化して書くことが一つのスキルである。

また、「黒い犬と白い犬が歩いている。太郎の犬は白い犬である。だ

から太郎は白い犬を連れて帰った。」という文章では、「白い犬」「太郎」「連れ帰る」がキーワードとなる。文脈を捉え、それを説明するために最低限必要な語を選ぶことが、ここでのスキルとなる。

　実際のところ、人がキーワードを捉える仕組みは、簡単に説明できることではない。ある意味"直観的"としか言いようがないところも多い。しかし、上に挙げたような練習を重ねることで、"直観"を磨くことは可能であろう。長い話を聞かせて、「要点をまとめて書きなさい」と求める前に、具体的な練習として学習指導を重ねていくことが必要である。

②**メモしたキーワードを使って、話を再構成する**

　キーワードをメモすることができれば、すでに話の骨格は把握できているはずである。あとは、若干の補足を加えて接続語でつないでいくことで、聞きとった話を自分なりに再構成することができる。その際、メモのキーワードを線や矢印でつないだり、カードや付箋に書き出して並べたりするなどの活動を入れることでより考えやすくなるだろう。再構成した内容は、文章に書かずにメモやワークシートを見ながら話す方が望ましい。話す・聞く活動は、あくまでも音声言語をベースとする言語活動である。要約文を書くことが必要であれば、一通り話してみてから、それを文章化するといった手順をとる方が本来の目的に沿った学習活動であると言える。

③**再構成した内容から一部を引用して、自分の感想や考えを話す**

　例えば、「アサガオは日本の夏の花の代表だ」というタイトルのスピーチを聞いた後、聞き手として次のような話ができるようにしたい。

　「辻村さんは、アサガオが日本の夏の花の代表としてふさわしいという意見を、アサガオが江戸時代から栽培されてきたことと、淡い花の色が涼しげであること、夏休みの宿題としてアサガオの観察日記を書いたことの三点から話してくれました。栽培の歴史、花の色については、私もなるほどと思いました。しかし、『夏休みの宿題でアサガオの観察日

記を書いた』ということについては、個人的なことであり、『日本の夏の花の代表』という理由としては当てはまらないと思います」

　この例では、前半に相手の話を要約して再構成している。そして、後半に話し手の言葉をそのまま引用して、自分の考えを述べている。スピーチの後の感想交流などでは、聞き手に自分の感想や考えを表明させることが多いのだが、その前提として話の内容を正しく聞き取ることと、相手の考えや立場を尊重することを忘れてはならない。話し手の言葉を引用することは、相手の言葉を正確に捉え大事に扱うことであり、自分の考えを鮮明にすることでもある。話の内容を再構成して共有、確認した上で、相手の言葉を引用して自分の考えを述べる。これができることで、"聞く"という行為は、受け身的なものから主体的で能動的なものへと質を高めることになるのである。

3　学習指導要領の読み解き

(1) 指導事項

　「A　話すこと・聞くこと」領域の指導事項は、各学年ともア〜オの五つで示されている。

　「解説」では、それらを「学習過程」を軸にして整理している（「解説」P202参照）。だが、「指導事項」として表記された文言だけでは、具体的な内容が想起しにくい。そこで、3・4年を例として、指導事項の文言を実際の学習場面に当てはめて、具体的な「学習活動」として書き直して整理してみよう（文責筆者）。

　学習指導要領では、本来「話す」「聞く」「話し合う」は、話し手と聞き手が交互に入れ替わりつつ一体として進められるものであるという考え方から、指導事項を分けずに順に並べているが、ここでは、話すこと、聞くこと、話し合うことのそれぞれの学習過程を明確にするために、右ページのように三つの表に分けて整理した。

　学習指導要領では、「主体的・対話的で深い学び」を実現するために、学習過程を一層明確にすることが授業改善のポイントであるとされている。そのため、「解説」では、指導事項を構造化して示す際に、その軸として「学習過程」が示されている。この学習過程は、必ずしも示された順番に指導する必要はないとされているが、授業を構想する上で参考になる"軸"であることは間違いない。ただし、指導事項と学習過程を一つ一つ厳密に対応させようとすると、細かな不整合や重複も見えてくる。その点は、実践する中で調整したり工夫したりすることが必要であろう。指導者には、学習指導要領に示された事柄を原則的に理解し、それに即しつつ現場の状況に応じて工夫、調整していくという姿勢が求められる。

〈表2〉

事項	学習過程	学習活動
ア	話題の設定 情報の収集 内容の検討	①目的を意識する。 ②日常生活の中から話題を決める。 ③集めた材料を比較、分類する。 ④伝え合うために必要なことを選ぶ。
イ	構成の検討 考えの形成	⑤相手に伝わるように、理由や事例などを挙げる。 ⑥話の中心が明確になるように話の構成を考える。
ウ	表現 共有	⑦話の中心を意識して話す。 ⑧話す場面を意識して話す。 ⑨言葉の抑揚や強弱、間の取り方などを工夫して話す。

〈表3〉

事項	学習過程	学習活動
ア	話題の設定 情報の収集 内容の検討	①目的を意識する。 ②日常生活の中から話題を決める。 ③集めた材料を比較、分類する。 ④伝え合うために必要なことを選ぶ。
エ	構造と内容の 把握 精査・解釈 考えの形成 共有	⑤必要なことを記録する。 ⑥必要なことを質問する。 ⑦話し手が伝えたいことの中心を捉える ⑧自分が聞きたいことの中心を捉える。 ⑨自分の考えをもつ。

〈表4〉

事項	学習過程	学習活動
ア	話題の設定 情報の収集 内容の検討	①目的を意識する。 ②日常生活の中から話題を決める。 ③集めた材料を比較、分類する。 ④伝え合うために必要なことを選ぶ。
オ	話し合いの進 め方の検討 考えの形成 共有	⑤目的や進め方を確認する。 ⑥司会などの役割を果たしながら話し合う。 ⑦互いの意見の共通点や相違点に着目して、考えをまとめる。

> **ワーク3**

　1・2年、5・6年の指導事項を、学習過程を軸とした学習活動の形で整理してみよう。それぞれ、学習の流れが捉えられるように〈表2〜4〉の形式に当てはめて、番号を付して記述しよう。その上で、各学習過程の流れや、相互の関係などについて気付いたことを述べてみよう。

【ワーク解説】

　子どもが実際に書く場面を想定して、何をどうするのか、具体的な指導内容として想定することはできただろうか。先に挙げた3・4年の〈表2〜4〉は、学習指導要領の文言にかなり忠実に沿って記載している。ワークでは、もう少し踏み込んで、実際の学習活動を想定した書きぶりにしてみることも必要であろう。例えば、話題設定の「①目的を意識する」を「聞くこと」の学習活動とする際には、「①話のテーマや冒頭部分から、話し手の目的を聞き取り、理解する」などである。また、「②日常生活の中から話題を決める」についても、「②話し手が日常生活のどのようなことから話題を選んでいるか、聞き取り、理解する」と展開することもできよう。

　その上で、学習指導要領に示された学習過程について、補足したり、修正したりすべきところはないだろうか。自学級の子どもの実態を思い浮かべてみて、考えてみることが必要であろう。

(2) 話すこと・聞くことを通して指導する〔知識及び技能〕

　国語科で身に付けさせる国語の能力という点では、〔知識及び技能〕の「(1) 言葉の特徴や使い方に関する事項」にも、関連する指導事項が示されている。次に〔知識及び技能〕の指導事項として示されている内容から、話すことに関連する事項だけを取り出して、話すことを通して指導すべき「知識・技能」を整理してみる（文責筆者）。

〈表5〉

		1・2年	3・4年	5・6年
言葉の特徴や使い方	言葉の働き	事物の内容を表す 経験したことを伝える	考えたことや思ったことを表す	相手とのつながりをつくる
	話し言葉	アクセント 姿勢　口形 発声　発音	相手を見る 抑揚や強弱 間の取り方	話し言葉と書き言葉との違い
	語彙	身近なことを表す語句	様子や行動、気持ちを表す語句	思考に関わる語句 語句と語句との関係 語感や使い方に関する感覚
	文や文章	主語と述語	主語と述語 修飾と被修飾 指示語　接続語 段落の役割	語句の係り方 語順 文と文との接続 文章の種類と特徴
	言葉遣い	丁寧な言葉と普通の言葉との違い	丁寧な言葉遣い	敬語
	表現の技法			比喩や反復

　ここに示された指導事項は、〔知識及び技能〕の内容として教科書の一単元として取り立てて位置付けられていることもある。その際には、教科書の説明や例に即して理解したり、練習問題に取り組んだりして学習していくことになる。だが、「話すこと・聞くこと」に関連する知識や技能は、実際に話したり、聞いたり、話し合ったりする中で意識して使ってこそ身に付く性質のものである。

　「話すこと・聞くこと」の領域としては、ひとまとまりの話ができたり、話を聞いて考えたことをまとめたり、話し合いを通して互いの考え方の違いを理解し合ったりできる力を身に付けることがまず重要なことである。それと並行して言葉の抑揚や間の取り方、相手に応じた言葉遣いなど、個別具体的な言葉の知識や技能を学び、「話す・聞く」という言語活動の上で実際に使えるレベルまで高めていかなければならない。

(3) 育成すべき能力の系統性

前節までは、学習指導要領の記述に即して「話すこと・聞くこと」領域の学習内容と育成すべき国語の能力を整理してきた。本節では、「話す・聞く」能力が学年を追ってどのように深化、拡充、発展していくのか、いわば縦のつながりを見ていきたい。

以下に、指導事項に示された文言を簡略化し、学年間の系統性が捉えやすいように表の形で整理してみた。

ここでは、学習過程ごとに示された指導事項を、学年ごとに縦につないでみることが必要である。例えば「話題の設定」では、1・2年では、話すことの対象を「身近なことや経験したこと」としているが、3・4

〈表6〉

	学習過程	1・2年	3・4年	5・6年
話す	話題の設定	身近なことや経験したこと	目的を意識して	目的や意図に応じて
			日常生活	
	情報の収集		集めた材料	
	内容の検討		比較、分類する	分類、関係付ける
		必要な事柄を選ぶ		内容を検討する
	構成の検討 考えの形成		相手に伝わるように	内容が明確になるように
		行動、経験に基づいて	理由や事例を挙げて	事実と感想、意見とを区別する
			話の中心が明確になるように	
		順序を考える	構成を考える	
	表現 共有	事柄や相手に応じて	話の中心や話す場面を意識する	資料を活用する
		声の大きさ・速さを工夫	言葉の抑揚や強弱、間の取り方を工夫	自分の考えが伝わるように表現を工夫

聞く	構造と内容の把握	話し手が知らせたいこと 自分が聞きたいこと	話し手が伝えたいこと 自分が聞きたいこと	話し手の目的
		落とさない 集中して	必要なことを記録、質問する	自分が聞こうとする意図に応じて
	精査・解釈	内容を捉え	中心を捉え	話の内容を捉え
	考えの形成	感想をもつ	自分の考えをもつ	話し手の考えと比較しながら、自分の考えをまとめる
話合い	話合いの進め方の検討	互いの話に関心をもつ	目的や進め方を確認 役割を果たし	立場や意図を明確にし 計画的に
	考えの形成	発言を受けて	共通点・相違点に着目	
	共有	話をつなぐ	考えをまとめる	考えを広げる・まとめる

年以降は、「日常生活の中から話題を決め」と範囲を広げている。また、「聞くこと」の「考えの形成」では、「感想をもつ」から「自分の考えをもつ」、「話し手の考えと比較しながら、自分の考えをまとめる」へと深化・拡充が図られている。このように、学年を追って見ていくことで、それぞれの能力がどのようにつながり、どのように伸びていくのかが見えてくる。そうすると、どの学年でどのような技能を教え、身に付けさせるのか、逆に前の学年では何ができるようになっていて、当該の学年でそれをどのように伸ばすのか、子どもの学習を縦につないで捉えることができる。このことは、国語科の学習指導では、とりわけ重要なことである。"話をする"という一見同じような学習活動が、どの学年でも繰り返し行われ、そのたびに螺旋状に質が高められていく。その時に実際にどのように質を高めていくのか、各学年で身に付けるべき能力を明確に、かつ、前後のつながりの中で捉えていないと、毎年同じレベルのことを繰り返したり、学年を逆転させた指導がなされたりすることになる。それを避けるためには、育成すべき能力の系統性に目を向ける

ことが不可欠なのである。

(4) 言語活動例

これまでの学習指導要領の言語活動例は、ア〜エまで、やや羅列的な示し方がされていたが、平成29年版では、「話したり聞いたりする」「情報を集めたり発表したりする」「話し合う」という項を立てて整理されている。このような構造に沿いつつ、「解説」P31の表からキーワードを抜き出して〈表7〉に整理する（文責筆者）。

また、各項の記述は、平成20年版とくらべるとずいぶんすっきりと簡略化されている。例えば、高学年のアに当たる「資料を提示しながら説明や報告をしたり、それらを聞いて助言や提案をしたりすること」（平成20年版）は、平成29年版では「意見や提案など自分の考えを話したり聞いたりする活動」と、「説明」「報告」といった言葉で概括する

〈表7〉

言語活動の項		1・2年	3・4年	5・6年
話す・聞く	活動例	紹介・説明・報告	説明・報告	意見・提案
	話す	伝えたいことを話す	調べたことを話す	自分の考えを話す
	聞く		それらを聞く	
		声に出して確かめる 感想を述べる		
情報の収集と発信	情報を収集する		質問して 情報を集める	インタビューして 必要な情報を集める
	発信する		それらを発表する	
話し合う	伝え方	尋ねる・応答する	互いの考えを伝える	それぞれの立場から考えを伝える
	集団規模	少人数	グループ・学級全体	

ような書きぶりに変わっている。また、文末が「こと」から「〜する活動」と改められ、指導すべき事柄という意味合いから、子どもが主体的に行う"活動"としての意味合いをより鮮明にしようとしている印象を受ける。

　実際の学習指導に当たっては、各学年に示された言語活動例を前節の系統性と併せて見ていくことで、言語活動の具体的なイメージを探っていくことが必要になる。

> **ショートコラム 3　学習指導要領で使われる用語**
>
> 　学習指導要領で使われる「紹介」などの文言は、一般的に使われている意味と大きくは違わないのだが、正確に理解するためには、「解説」に当たってみることが肝要であろう。「解説」では、特に留意すべき用語については、随所にゴチック体で表記して定義、解説している。例えば、「話すこと・聞くこと」領域の言語活動例で使われる用語は、下のように定義、解説されている（「解説」P62）。
>
> | 語句 | 「解説」の定義、説明 |
> |---|---|
> | 紹介 | 聞き手が知らないことや知りたいと思っていることを伝えること。 |
> | 報告 | 見たことや聞いたことなどの事実や出来事を伝えること。 |
> | 説明 | 紹介や報告の内容を相手に分かるように伝えること。 |
>
> 　ほかにも、「解釈」や「精査」、「情報」など、学習指導要領独自の意味合いを込めて使われている用語も多い。辞書を引くような感覚で、「解説」に当たってみることも有意義だろう。

＊1　岡本夏木『小学生になる前後　五〜七歳児を育てる』岩波書店、1983年
＊2　山元悦子「65【対話】」高木まさき・寺井正憲・中村敦雄・山元隆春編『国語科重要用語事典』明治図書出版、2015年

第3章
「書くこと」の内容

1 書く活動の実相と教育実践上の課題

　あなたが小学生のころ、学校でどのような文章を書いていただろう。また、文章の書き方については、いつ、だれに、どのように教えてもらっただろう。

　一つ目の質問については、日記、遠足や運動会などの行事についての作文といったものがすぐに思い浮かぶのではないだろうか。理科の実験レポートや物語創作、好きな絵画を紹介する文章などを挙げる人は、多くはいないはずである。

　二つ目の質問に、はっきりと答えられる人は稀であろう。作文を"書かされた"ことは思い出しても、何をどのように書いていけばいいのかということを細かに教えてもらった経験をもつ人は少ないのではないだろうか。

　現在、書くことの指導は、幾度かの学習指導要領の改訂を経て、生活作文から他教科の学習の基盤となる「書くこと」へと、舵を切りつつある。しかしながら、身近な生活や行事を題材とした生活作文への偏り、内容中心の評価姿勢、効果的な指導方法の不在といった問題状況を、払拭しきれたとは言いがたい。子どもたちには、どのような種類の文章を、どの程度の質を求めて、どのような指導方法で書かせればいいのか、改めて考えていくことが課題であると言える。

2 "文章を書く"とはどのようなことか

文節を書く

　小学校に入学してきた1年生は、初めのうちは、「は」「な」「が」と一文字書くごとに鉛筆を止めて一息入れる。文字を書くということは、なかなか大変なことなのである。しかし、平仮名を習い終えるころになると、「はなが」までを一気に書けるようになる。これは、言葉を意味として捉えて書けるようになったということでもある。「はな」という単語に「が」をつけて"ひとまとまり"と捉えることは、「はなを」や「はなと」とは区別した意味として文節を捉えているということである。「はな」という単語だけでは次に続く言葉は想起できないが、「はなが」「はなと」という文節になると、意味の方向性のようなものが見えてくる。「はなが」の次には「さいている」、「はなを」の次には「見る」というように、意味のつながりが生じてくる。文節単位で書けるということは、意味のまとまりとして言葉を捉え、それをつないでいく準備ができたということである。文字が書けるということを前提として、文章を書く力の中で最も基礎的な部分は、文節単位で言葉を綴ることができる力であると言える。

> **ショートコラム 4　分かち書きの必要性**
>
> 　小学校の国語の教科書は、2年生の上巻辺りまでは、文節ごとに一マス空けて表記する「分かち書き」で書かれている。「かべにはなのえがかけてあります。」では、ひらがなばかりが連続して、どこで区切ればいいのか分かりにくい。そこで「かべに　はなの　えが　かけて　あります。」と表記するわけである。

この分かち書きは、小学校の現場にいる者にとっては当たり前のことなのだが、一般の人の目には、不思議に映ることもあるらしい。大人がしない書き方を子どもに教えることに違和感があり、親切すぎて不自然などの声を耳にすることもある。
　一方で、日本語を学ぶ外国の人にとっては、漢字が混ざった文でも、分かち書きがされていれば、見やすいし分かりやすいという意見もある。これはもっともなことだと思う。さらに、いっそのこと大人の世界でも、分かち書きを基本とすることで日本語の表記をもっと分かりやすくすべきだという意見もある。ただし、そうなると、どこで区切るかについて共通の約束事が必要になるが、日本語の性質上それも難しいらしい。
　ちなみに、小学校では、教科書の表記が分かち書きになっている1、2年生に対しても、分かち書きで文章を書かせることはしない（私自身は、1年生の2学期ごろまでは、分かち書きで書かせていた）。これも不思議なことである。
　このように、小学校の教科書の分かち書きにも、いろいろと議論すべき課題があるようだ。当たり前になっていることの中にも、考える種が埋もれているというところが、国語教育の興味深いところでもある。

文を書く

　文節がいくつかつながり、「。」（句点）で区切られると"文"になる。文の中では、それぞれの文節は、「主語」「述語」「修飾語」などの役割を果たすことになり、「文の成分」と呼ばれるようになる。
　最も単純で基礎的な文は、主語－述語からなる「花がさく。」といった文である。「犬が歩く。」「ぼくは小学生だ。」や「花が美しい。」などもこれに当たる。述語の品詞によって、「動詞文」「名詞文」「形容詞文」などということもある。小学校の教科書では「何がどうした文」「何がなんだ文」「何がどんなだ文」という言葉で説明されることが多い。
　また、述語が動詞である場合に、「補語」（「補足成分」「補足語」と呼ばれることもある）を加える場合がある。「犬が水を飲む。」「私が絵をかく。」などがこれに当たる。「犬が飲む。」「私がかく。」でも、意味とし

ては伝わるのだが、「飲む」「かく」の対象を示さないと、具体的な意味として完結しない。述語の意味内容を補う言葉が求められるのである。

　次に、主語－述語、主語－補語－述語という基本的な骨組みに修飾語が加えられる。「白い犬がのしのしと歩く。」「ぼくは元気な小学生だ。」「学級園の花がとても美しい。」などである。修飾語が加わることで、文意が詳細になり、そこから想起されるイメージもより具体的になってくる。小学校における「言葉の特徴や使い方」の学習では、修飾－被修飾という文法用語を使わずに、"詳しくする"という言葉で説明されている。

段落にまとめる

　文をいくつか書きつないでいくと、話題や内容の上で一つのまとまりをもった段落になる。別の話題や内容に移る時には、改行して一マス空けて書き始める。形式的には、これだけのことなのだが、子どもにとってはかなり難しい。子どもの書いた文章は、作文用紙に延々と文が書き連ねてあり、部分としても全体としてもまとまりが見つけられないことが多い。どこで区切ればいいのか、内容のまとまりをどのように付ければいいのか、それが分からないのだ。

　段落については、次のような指導が考えられる。
・一つの段落は、一つの話題・内容について書き、別のことは含めない。
・段落の中では、文と文との筋が通るようにつながりを考える（文脈）。
・段落の初めに、中心文（トピックセンテンス）を書くと、書きたいことの中心がはっきりする（高学年で扱う論証的な文章では、結論的な一文を最後に書く場合もある）。
・一つの段落は、長くなりすぎないようにする。

　このような内容についてモデル文などを使って学習し、その上で自分

が書いた文章を自己評価したり、推敲したりする学習を行う。また、新しく文章を書く際には、めあてとして確認し、途中で自己チェックしながら書き進めるようにする。

文章を書く

　段落をいくつかつなぐと文章になる。低学年では、時間や出来事の生起順に即していくつかの段落をつなぐだけで、一つの文章としてまとめることができる。だが、中学年からは、段落と段落の関係を明確にして、文章全体のどこにどの段落を置けばいいのか、先に文章の全体構成を考えてから記述することが求められる。

　文章構成と言えば、低学年では「はじめ・なか・おわり」、中学年以降は「序論・本論・結論」という言葉で説明される場合が多い。また、それぞれの部分がどのような役割を果たすのかについては、「序論では、これから書こうとする話題を挙げて問いかけの形で問題提起を行い、本論で説明や論証を進め、最後に結論で問題提起に対する答えをまとめて、主張を明確にする」というような説明になるだろうか。

　このように文章を三部構成で捉える考え方は一般的であり、汎用性が高いことは確かなことであろう。しかし、この考え方や教え方だけに頼っていることが、学校現場でいくつかの問題を生じさせている。

　一つは、文章構成の学習が「はじめ・なか・おわり」の三つに分けることで終わってしまうことである。子どもにとっては、「はじめ」(「序論」)と「おわり」(「結論」)を書くことは、さほど難しいことではない。形式的にも内容的にも書くべきことははっきりしているし、多くても二～三文からなる一段落で事足りるので、分量的にも負担にはならない。大変なのは、「なか」(「本論」)の部分を書くことである。にも関わらず、文章構成の学習は三つに分けたところで終わってしまい、具体的なヒントを得ることができないまま、次に進むことになる。「なか」(「本論」)部分には、どのような段落をどのような順に置くべきかとい

うことこそが、文章構成の学習の重要部分であり、指導者はその教材分析と開発に主力を注ぐべきなのである。

　もう一つの問題は、文章構成が三部構成のワンパターンに限られてしまい、文種や内容に則した実効性のある構成方法が取り上げられない点にある。例えば、一般的によく使われる「起承転結」という構成法は、なぜか小学校の研究授業などではあまり見かけない。また、物語の構成では「発端→目的→行動→困難→解決→結末」という構成も考えられる。論理的な文章では「序論」の次に「総論」を置き、「各論」で具体的に展開し「結論」で抽象度を上げてまとめる、という方法もある。このように、文章の種類や形式によって様々な構成方法が存在しているにも関わらず、文章構成の学習の場では、なぜか三部構成が主流であり、他の方法の参入を阻んでいるような印象を受ける。

　文章構成の学習に必要なことは、書こうとする文章の種類や形式、目的に即した個別具体的な構成方法を学び、それを使いこなせるようにすることである。そのためには、指導者は三部構成だけに捉われず、文種に即した構成方法について教材研究を行い、子どもが実際に書く学習活動に合わせて授業に取り入れていかなければならない。それには、これから子どもに書かせようとしている文章について、教科書のモデル作品などを自ら分析してみることが有効である。あるいは、自分自身でモデル文を作成してみることもおすすめする。自分自身の目を通して、文章の構成方法を探り、それを教材化していくことが重要なのである。

　なお、本書では、後の「読むこと」の章で、説明的文章と物語の構成について詳説している。それも一つの参考となることと思う。

ショートコラム 5　「あのね作文」の功罪

　「せんせいあのね」という書き出しに続けて、「きのうおにいちゃんとあそんだよ。たのしかったよ」と先生に話しかけるように書いていく作

文を「あのね作文」と呼ぶ。1年生の作文指導としてずいぶん以前から行われており、現在も宿題として取り組んでいる学校も数多い。"話すように書ける"もしくは"話したとおりに書いたらいい"ということで、幼稚園や保育所から小学校へ入学してきた子どもたちにとっては、ハードルの低い活動である。また、"話したい"、"教えたい"という子どもたちの表現欲求を満たした上で書くことにつなぐという点で、なかなかうまいやり方だと思う。

　ただし、いつまでもこの方法だけに頼っていると、少し困ったことになる。

　まず、短い文しか書けなくなる。「せんせいあのね、きのう、お花を見つけたよ。きれいだったよ。三つもさいていたよ。うれしかったよ」というように、最初の一文の後は、「〜よ」と重ねていけば、言いたいことは大体伝えることができる。そのため、主語ー述語と修飾語を備えた三語以上の文は敬遠されてしまう。

　また、文章の構成がワンパターンになってしまう。「せんせいあのね」の後は、言いたいことを二つ三つ続けて、最後は「おもしろかったよ」などの感想で締めくくればいい。楽な方法なので、多くの子どもがこれに頼ってしまい、内容の広がりが生まれてこない。

　さらに、最も問題なのは、話し言葉から書き言葉への転換が図れないところにある。「せんせいあのね」という"擬似書き言葉"で書いている限り、文末で微妙なニュアンスを書き分けたり、接続語で論理的なつながりを示したり、熟語を使って抽象的な概念を駆使したりすることは、できるようにはならないだろう。

　肝に銘ずべきことは、いくら有効で便利であっても、一つの方法をいつまでも引きずらないことである。いつ始めるかと同じくらい、いつ終えるかということも、言葉の学習指導には重要なことなのである。

3　学習指導要領の読み解き

(1) 指導事項

指導事項の構成

「B書くこと」領域の指導事項は、1・2年、3・4年でア〜オの五つ、5・6年でア〜カの六つで示されている。例えば3・4年の指導事項は次のとおりである。

> ア　相手や目的を意識して、経験したことや想像したことなどから書くことを選び、集めた材料を比較したり分類したりして、伝えたいことを明確にすること。
> イ　書く内容の中心を明確にし、内容のまとまりで段落をつくったり、段落相互の関係に注意したりして、文章の構成を考えること。
> ウ　自分の考えとそれを支える理由や事例との関係を明確にして、書き表し方を工夫すること。
> エ　間違いを正したり、相手や目的を意識した表現になっているかを確かめたりして、文や文章を整えること。
> オ　書こうとしたことが明確になっているかなど、文章に対する感想や意見を伝え合い、自分の文章のよいところを見付けること。

「解説」（P204）では、これらの指導事項が「学習過程」を軸にして整理されている。「話すこと・聞くこと」と同様、3・4年を例として、指導事項の文言を実際の学習場面に当てはめて、具体的な「学習活動」として書き直して整理してみよう（文責筆者）。

〈表8〉

事項	学習過程	学習活動
ア	題材の設定 情報の収集 内容の検討	①相手や目的を意識する。 ②経験、想像から書くことを選ぶ。 ③集めた材料を比較、分類する。 ④伝えたいことを明確にする。
イ	構成の検討	⑤内容の中心を明確にする。 ⑥内容のまとまりで段落をつくる。 ⑦段落相互の関係に注意して構成を考える。
ウ	考えの形成 記述	⑧自分の考えを明確にする。 ⑨自分の考えを支える理由と事例との関係を明確にする。 ⑩書き表し方を工夫する。
エ	推敲	⑪間違いを正す。 ⑫相手や目的を意識した表現か確かめる。 ⑬文や文章を整える。
オ	共有	⑭書こうとしたことが明確になっているかなどについて、感想や意見を伝え合う。 ⑮自分の文章のよいところを見付ける。

このように整理してみると、文章を書くために何をどのような順で行っていけばいいのか、書くことの学習活動を概ね見通すことができる。

> **ワーク4**
>
> 　1・2年、5・6年の指導事項を、学習過程を軸とした学習活動の形で整理してみよう。それぞれ、学習の流れが捉えられるように〈表8〉の形式に当てはめて、番号を付して記述しよう。その上で、各学習過程の流れや、相互の関係などについて気付いたことを述べよう。
>
> 【ワーク解説】
> 　子どもが実際に書く場面を想定して、何をどうするのか具体的な指導内容として想定することはできただろうか。「解説」で

は、「題材の設定」や「内容の検討」などの短い言葉でまとめられているが、「経験したこと」、「想像したこと」、「感じたこと」、「考えたこと」という言葉を手がかりにすることで具体的に理解することができよう。

　また、文章を作成していく手順として、それぞれの過程が置かれた位置について考察できただろうか。この流れは、文章を作成するための必然の順序であると概ね言える。「記述」の前に「推敲」が来ることがないのはもちろんだが、「構成の検討」の前に「題材の設定」「情報の収集」「内容の検討」と三つの学習過程が置かれていることには、注意を向けるべきであろう。構成に先立って、取材や材料整理にしっかり時間をとって、書くことの内容を膨らませるということは、これまで十分に行われてこなかったことであり、そこに授業改善のポイントの一つがあるとも言えよう。ほかにも、今回示された学習過程の順序から、書くことの学習指導を改善するポイントを見つけていくことが重要である。

(2) 書くことを通して指導する〔知識及び技能〕

　国語科で身に付けさせる国語の能力という点では、〔知識及び技能〕の「(1) 言葉の特徴や使い方に関する事項」、「(2) 情報の扱い方に関する事項」にも、関連する指導事項が示されている。〈表9〉に〔知識及び技能〕の指導事項として示されている内容から、書くことに関連する事項だけを取り出して、書くことを通して指導すべき〔知識及び技能〕を整理してみる（文責筆者）。なお、「書き言葉」の項以外は、「話すこと・聞くこと」領域で掲載した表と重なるところが多いが再掲する。

　書くことの領域としては、ひとまとまりの文章が書ける力を身に付けることがまず重要なことである。それと並行して文字の書き方、言葉の選び方、文の整え方、表現の技巧など、個別に具体的な言葉の知識や技能を学び、文章を書くという言語活動の上で実際に使っていけるレベル

〈表9〉

	内容	1・2年	3・4年	5・6年
言葉の特徴や使い方	言葉の働き	事物の内容を表す　経験したことを伝える	考えたことや思ったことを表す	相手とのつながりをつくる
	書き言葉	長音、拗音、促音、撥音などの表記　助詞の「は」、「へ」及び「を」の使い方、句読点の打ち方、かぎ（「　」）の使い方　平仮名及び片仮名の読み書き　片仮名で書く語の種類を知り、文や文章の中で使うこと	漢字と仮名を用いた表記　送り仮名の付け方、改行の仕方、句読点を適切に打つこと　ローマ字の読み書き（第3学年）	漢字と仮名の使い分け　送り仮名や仮名違い
	語彙　文章の中で使う語句	身近なことを表す語句	様子や行動、気持ちや性格を表す語句	思考に関わる語句　語感や言葉の使い方に対する感覚を意識して使う
	文や文章	主語と述語	主語と述語　修飾と被修飾　指示語　接続語　段落の役割	語句の係り方　語順　文と文との接続　文章の構成や展開　文章の種類と特徴
	言葉遣い	丁寧な言葉と普通の言葉との違い　敬体で書かれた文章に慣れる	丁寧な言葉遣い　敬体と常体の違いに注意する	敬語を使い慣れる
	表現の技法			比喩や反復
情報の扱い方	情報と情報との関係	共通、相違、事柄の順序	考えとそれを支える理由や事例　全体と中心	原因と結果
	情報の整理		比較や分類の仕方　必要な語句などの書き留め方　引用の仕方　出典の示し方、辞書や事典の使い方	情報と情報との関係付けの仕方　図などによる語句と語句との関係の表し方

まで高めていかなければならない。そのためにも、この項の前半で示した書く手順、方法に関する技能に加えて、〔知識及び技能〕の指導事項にも目を向け、書くことを通して確実に身に付けられるように学習活動を構成していくことが重要である。

> **ショートコラム 6　指導事項の"引っ越し"?**
>
> 　平成20年版学習指導要領の「書くこと」領域に3・4年の指導事項として示されていた「文章の敬体と常体との違いに注意しながら書くこと」が、平成29年版では見当たらない。この指導事項は、必要がなくなったのだろうか?　と疑問に思っていると、ほかの項目で同じような文言を見つけた。〔知識及び技能〕の「(1) 言葉の特徴や使い方」に関する事項の「言葉遣い」の中である。そこには「丁寧な言葉を使うとともに、敬体と常体との違いに注意しながら書くこと」と示されている。学習指導要領の改訂の際に「書くこと」領域から〔知識及び技能〕へ移動されたのであった。実は、学習指導要領の改訂では、このような"引っ越し"は、よくあることである。それは主に、その時期の学力構造(今回の改訂では、「知識及び技能」と「思考力、判断力、表現力等」と「学びに向かう力、人間性等」の三本柱)の変更に伴う再編ということらしいが、小学校の現場としては、ややこしくて、戸惑ってしまうことが多い。ともあれ、今回の改訂で見かけなくなった指導事項があったとしても、安易に「なくなった」と捉えないことである。ほかの領域や学年(時には、中学校)に移動しているかもしれない。その点、留意しておきたい。

(3) 育成すべき能力の系統性

　前節では、書くことの学習内容を概ね理解するために、学習指導要領に示された学年ごとの指導事項を学習過程に沿って整理した。本節では、書く能力が学年を追ってどのように深化、拡充、発展していくの

か、いわば縦のつながりを見ていきたい。

以下に、指導事項に示された文言を簡略化し、学年間の系統性を捉え

〈表10〉

学習過程	1・2年	3・4年	5・6年
題材の設定		相手や目的を意識して	目的や意図に応じて
	経験したこと・想像したこと		感じたこと・考えたこと
	書くことを見付け	書くことを選び	
情報の収集	必要な事柄を集め	集めた材料を比較、分類	集めた材料を分類、関係付け
内容の検討	伝えたいことを明確にする		
考えの形成 記述			目的や意図に応じて簡単に書いたり、くわしく書いたりする
	語と語や文と文との続き方	自分の考えとそれを支える理由や事例との関係	事実と感想、意見とを区別
	内容のまとまりが分かるように		自分の考えが伝わるように
	書き表し方を工夫		
			引用 図表やグラフなどを用いる
推敲	文章を読み返す習慣		
	間違いを正す		
	語と語や文と文との続き方を確かめる	相手や目的を意識した表現になっているかを確かめる	文章全体の構成や書き表し方に着目
			文や文章を整える
共有		書こうとしたことが明確か	構成や展開が明確か
	感想を伝え合う	感想や意見を伝え合う	
	自分の文章の内容、表現のよいところを見付ける	自分の文章のよいところを見付ける	

やすいように表の形で整理してみた。

　ここでは、学習過程ごとに示された指導事項を、学年ごとに縦につないでみることが必要である。例えば「題材の設定」では、1・2年、3・4年までは、書くことの対象を「経験したことや想像したこと」としているが、5・6年では「感じたことや考えたこと」と抽象的、概念的なものへと深化、拡充させている。また、「情報の収集」では、3・4年の「集めた材料を比較、分類」が5・6年では「集めた材料を分類、関係付け」と展開されている。このように、学年を追って見ていくことで、それぞれの能力がどのようにつながり、どのように伸びていくのかが見えてくる。そうすると、どの学年でどのような技能を教えて身に付けさせるのか、逆に前の学年では何ができるようになっていて、当該の学年でそれをどのように伸ばすのか、子どもの学習を縦でつないで捉えることができる。このことは、国語科の学習指導では、とりわけ重要なことである。"文章を書く"という一見同じような学習活動が、どの学年でも繰り返し行われ、そのたびに螺旋的に質が高められていく。その時に実際にどのように質を高めていくのか、各学年で身に付けるべき能力を明確に、かつ、前後のつながりの中で捉えていないと、毎年同じレベルのことを繰り返したり、学年を逆転させた指導がなされたりすることになる。それを避けるためには、育成すべき能力の系統性に目を向けることが不可欠なのである。

(4) 言語活動例

　書くことの言語活動例は、ア説明的な文章、イ実用的な文章、ウ文学的な文章という三つの項を立てて整理されている。また、各項の前半で「～するなど」として文種の例を挙げた上で、書く対象を「～を書く活動」として、文章の内容や性質を概括的に示している。このような構造に沿いつつ、「解説」（P35）の表からキーワードを抜き出して整理する（文責筆者）。

〈表11〉

		1・2年	3・4年	5・6年
説明的な文章	文種の例	身近なこと・経験したことを**報告** 観察したことを**記録**	調べたことをまとめて**報告**	事象を**説明** **意見**を述べる
	内容性質	見聞きしたことを書く活動	事実やそれを基に考えたことを書く活動	考えたこと・伝えたいことを書く活動
実用的な文章	文種の例	日記・手紙	行事の**案内**・お礼の文章	
	内容性質	思ったこと・伝えたいことを書く活動	伝えたいことを手紙に書く活動	
文学的な文章	文種の例	簡単な物語	詩・物語	短歌・俳句
	内容性質	感じたこと・想像したことを書く活動		
				事実や経験を基に、感じたり考えたりしたことや自分にとっての意味について書く活動（**随筆**）

　「話すこと・聞くこと」領域の言語活動例と同様に、平成20年版とくらべると、言語活動の例がしぼり込まれている。例えば1・2年の言語活動例は、平成20年版では、アからオまで五つの項が立てられているが、平成29年版では上述の三つの項にすっきりとまとめられている。それに伴い、「身近な事物を簡単に説明する文章などを書くこと」「紹介したいことをメモにまとめたり、文章に書いたりすること」などが削られている。

　また、3・4年では、「疑問に思ったことを調べて報告する」、「収集した資料を効果的に使い」と詳細に示されていた文言が、「調べたことをまとめて報告するなど、事実やそれを基に考えたことを書く」というように概括的な示し方に抑えられている。さらに、「学級新聞」「依頼状」「案内状」「礼状」といった個別の文種名も少なくなっている。

　「これらの言語活動は例示であるため、これらの全てを行わなければ

ならないものではなく、これ以外の言語活動を取り上げることも考えられる」(「解説」P35)と明示されているように、全体的な方向を示して、あとは現場のカリキュラム・マネジメントに委ねるということであろう。

実際の学習指導に当たっては、各項の後半で示されている書くことの内容や性質を拠り所として、例に示されたような文種を取り上げることになる。その際、前節までに見てきた指導事項と併せて見ていくことで、実際に書く文章の具体的なイメージを探っていくことが必要になる。

> **ショートコラム 7　「随筆」の来し方行く末**
>
> 　平成20年版学習指導要領では、「書くこと」領域に、小学校で初めて「随筆」が登場した。平成20年版「解説」によれば、「随筆」とは、「身近に起こったこと、見たことや聞いたこと、経験したことなどをほかの人にも分かるように描写した上で、感想や感慨、自分にとっての意味などをまとめたものである」ということであった。そしてこのような「随筆」は、物語や詩などで身に付けてきた文学的な文章の表現力と、自分の考えを記述したり説明したりする説明的な文章の表現力の両方が必要であり、中学校で学習する論理的な文章への橋渡し役となるものであるとされた。これを受けて、各社の教科書では「随筆」の単元が開発され、新教材として掲載された。
>
> 　私はこの動きに大いに賛成で、「随筆」こそ、これまでの書くことの学習指導を改善する目玉になるはずだと考えていた。しかしながら、この10年で「随筆」がクローズアップされることはあまりなかったように思う。身の回りのなんでもないことを取り上げて、それを基に人生の機微を語るなどということは、小学生には難しすぎたのだろうか。
>
> 　そして今回の改訂では、小学校の言語活動例から「随筆」という言葉が消えた。かろうじて5・6年に「自分にとっての意味について文章に書く活動」という書きぶりで残されたようにも見えるのだが、「随筆」と

> いう文言は、中学校1年へ移されてしまった。「随筆」の行く末は、どうなるのだろうか。私としては、大いに気になるところである。

作文教育の歴史については、次の資料を参照されたい。
・田近洵一・井上尚美編『国語教育指導用語辞典 第4版』教育出版、2013年
・田中宏幸「76 【歴史】書くことの指導」高木まさき・寺井正憲・中村敦雄・山本隆春編著『国語科重要用語事典』明治図書出版、2015年

第4章
「読むこと」の内容

1 読む活動の実相と教育実践上の課題

(1) "文章を読む" とはどのようなことか

文章（物語や説明文）を "読むこと"

　文章、すなわち文学作品や説明文を読むというのは、どのような行為なのか。この問いに答えることは、実に難しい。

　そもそも、文章を読んで理解するという行為は、一人一人の人間の頭脳の中で遂行される一つの心理過程である。その点から〈読む〉ことは心理学の研究課題の一つである。

　同時にその行為は、読む対象、すなわち作品などがあってこそ成り立つものであり、"書かれたもの"＝文学作品との関わりが極めて大きい。そこから、〈読む〉ことは、文学研究・文学理論として取り上げることができる問題である。

　さらに、〈読む〉という行為は、まさに人間だけができる文化的な行為であり、文化的であるがゆえに、社会からの影響を強く受ける行為でもある。そのことから、社会学的な見地からも〈読む〉ことを取り上げることができる。

　つまり、〈読む〉という行為は、心理学、文学理論、社会科学などの研究対象となり得るほど、多角的な視点から捉えていかなければならない問題であるということである。そして、それぞれの分野では、今もなお旺盛な研究が数多く続けられ、新しい理論に基づいた優れた成果が次々と発表されている。それらを学ぶことは、大変興味深いことであり、日々の国語の授業に対する視野を広げてくれることになるだろう。[*1]

文章理解を支える基礎的な力

　子どもは、小学校に入学する前に、すでに相当程度の話ができるよう

になっている。そのため、単語の意味や文、段落単位の意味のまとまり辺りまでならば、書かれている言葉を読んで理解することは、それほど難しいことではないように思える。

だが、書き言葉と話し言葉は、異質なものであって、その壁を超えることは、子どもにとって容易なことではない。話せても書けないのと同じように、聞くことはできても読んで理解することができない子どもは少なくはない。

文章を読んで理解するために、子どもは、まず文字を読まなければならない。そして、文字のまとまりを単語として捉え、文節、文、段落、文章というように段階的に意味理解の幅を広げていく。それぞれの段階については、前章の「2 "文章を書く"とはどのようなことか」の項で詳述しているので、ここでは省略するが、どの段階もそう簡単なことではない。

にも関わらず、小学校の教科書では、1年生の早い段階から、ひとまとまりの長い文章が教材として登場する。指導者は、それを"短いお話"あるいは"簡単な説明文"として「読むこと」の授業を行う。

低学年の授業では、文章をスラスラと読めるまで音読が繰り返して行われる。そして内容に関する簡単な発問→応答→話し合いなどの流れで授業が進められていく。

この時、指導者は、子どもが発問に答えられないと、「文章が読めない」、「内容が理解できていない」と判断してしまう。しかし、内容以前に文字が読めていないのかもしれない。あるいは、文字は読めていても、ひとまとまりの語として捉えられていないのかもしれない。入門期の指導に当たっては、文章を理解するための基礎的な力が身に付いているかという実態を的確に把握することが必要である。

そのためにも、入門期には、文字を読み、単語、文節の意味を捉えるところから、もっと丁寧な学習指導が必要なのではないか。例えば、物の名前や、動作の言葉、形容詞などを書いたカードをたくさん素早く読

ませて、意味を問う活動などはどうだろう。あるいは、主語－補足語－述語からなる簡単な文から始めて、次第に修飾語を加えた複雑な文を読み、質問に答えることなども考えられる。

　"文章を読む"という学習活動は、文学作品や説明文といった長い文章を対象とする前に、文字、語、文を読むところから始まる。小学校では、文章理解の基礎を支える力を育てることを国語科指導の基盤として大事にしたい。

(2) 読むことの授業の実相と課題

これまでの三つの姿勢

　国語科で「ごんぎつね」[*2]の授業をする時、あなたが最も大切にすることはなんだろう。次の三つのいずれであろうか。
　①物語の内容を正しく、深く理解させる。
　②物語を読む力を身に付けさせる。
　③登場人物の姿から、人間の優しさや真実を読み取り、考えさせる。
　①は物語そのものを享受させるために、物語の面白さや価値をできる限り子どもに届けることを重視する。そのために、子どもの理解を助ける丁寧な発問を重ね、挿絵などを参考にしながら、時には指導者からの解説や補足も交えて読み進めていくことが授業の中心となる。
　②は教科の学習目標を重視する考え方である。作品「ごんぎつね」の内容を理解させるだけでなく、文学作品の特性に即した読み方を教え、身に付けさせる。物語のあらすじをまとめる方法を教えたり、人物の性格が分かる言動を取り出して分析することなどが授業の中心となる。
　③は文学を読むことを通して、子どもの感性や人間性を育て、人間と社会や自分自身の生き方について学ばせようとする考え方である。出来事の内容を細かに問う発問よりも、人物の考え方や生き方に迫る発問を重視し、話し合いによって考えを深め合っていくことが授業の中心となる。

このような三つの姿勢は、説明文（例えば「くらしの中の和と洋[*3]」など）の授業にも、ほぼ当てはまる。
　①書かれている内容を正しく、深く理解させる。
　②説明的な文章を読む力を身に付けさせる。
　③科学的な知識や科学的なものの見方にふれることで、科学への興味や論理的な思考力を育てる。
　文学作品、説明文に共通しているのは、文章の内容を理解させるのか、国語の能力を身に付けさせるのか、人間教育の場とするのか、という指導者の姿勢、立場である。

内容理解重視の姿勢

　では、この三つのうち、あるべき姿勢、立場はいずれであろうか。
　まず、小学校では、どうすれば文章の内容を正しく理解させることができるのか、ということが国語の授業で最初に突き当たる深刻な課題であろう。何年生であっても、一通り音読はできても、その内容が理解できない子どもがいる。それが現実である。作品の主題や主張、表現の特色を読み取るためにも、まずは書かれている内容を理解させねばならない。そのため、指導者はあれこれと補足しながら声に出して読んで聞かせたり、大事なポイントを押さえた発問をしたりしながら授業を進めていく。
　文章の内容を理解させるための授業は、子どもの実態に寄り添うという点では、国語の授業を考える際の起点として大切にしたいところである。だが、それだけに重点を置いた授業には、次のような課題がある。
　一つは、指導者の手引きや発問、補足などによって、首尾よくその文章を理解できたとしても、それは「ごんぎつね」や「くらしの中の和と洋」などの個別の文章に限られたことである。そこでの学習内容をほかの文章に当てはめても、同じように読むことはできない。つまり、ほかに転用できる方法を学んだり、汎用的な力を身に付けることは期待でき

ないのである。たしかに、指導者の助力によって文章を読む経験を積み重ねることで、体験的に方法やコツを身に付けることはできるかもしれない。実際、これまでの国語教育には、そのような実践や考え方が多かったように思う。しかし、それはあくまでも結果論であり、期待値の範囲を超えるものではない。

　もう一つは、文章を読むことについての系統的な学習指導が期待できないことである。教科書の教材は、学年を追うごとに分量も多く、内容も難しくなっていく。これを一つ一つ理解させていくことによって、子どもは次第に読む力を高めていくと考えることもできるかもしれない。しかしこれは、「より難しい文章が読めるようになった」ということでしかない。このような授業では、子どもはどのようにして、あるいは、どのような指導によって読めるようになったのかは問題視されない。そのため、どの学年でも同じような学習課題が設定され、同じような発問で授業が進められることになる。その結果、1年から6年まで、「人物の気持ちを読み取ろう」「段落の要点をまとめよう」という紋切り型の発問で授業が行われているという状況が続くことになる。

国語の能力重視の姿勢

　子どもが文章を自力で読み、理解できるようになるために、具体的な方法を教え、それを使いこなせるようにしようとする学習指導の姿勢が大切である。そのため授業では、文章の内容理解はもちろんのこととしつつ、文章を読んで理解するための具体的な方法を教え、実際に子ども自身にさせてみることが中心になる。例えば、「ごんぎつね」では、「ごん」の言動の中から性格が分かるものを抜き出して、そこから分かることを書いてまとめるという学習活動などが考えられる。また、「くらしの中の和と洋」では、文章の「問い」と、それに対する「答え」を本文から見つけて書き出すという学習活動などが考えられる。

　このような授業では、書かれている内容よりも、語句や文、段落の構

成などの"書かれ方"に目が向けられる。そして、それを分析するための具体的な方法が教えられ、文章そのものを対象化した学習活動が行われる。その結果として内容の理解も深められるが、それよりも子どもがどのような方法を使い、力がどの程度身に付いたかということが重視される。

　このような"文章を読む方法"には、汎用性がある。人物の言動を分析したり、「問い」と「答え」の関係に目を向けたりする方法は、異なる文章でも適用できる方法である。このような学習を積み重ねていくことで、子どもは"文章を読む方法"を具体的に学び、それを自ら使いこなせる国語の能力を獲得することになるのである。

　課題としては、一つには、そもそも文章を読む方法というものが、どこに示されているのかということにある。学習指導要領には、「読むこと」に関する指導事項が示されており、それはそのまま読むことの能力であると言える。だが、それを実現するための方法までは示されていない。

　例えば、3・4年の「C　読むこと」には「イ　登場人物の行動や気持ちなどについて、叙述を基に捉えること」とあるが、どうすればそれができるのかについては「解説」の中にも示されていない。そこで、上述のように「人物の言動の中から性格が分かるものを書き出す」という具体的な方法を、指導者が自分で考え出さなければならないことになる。一方で国語の教科書には、教材の後に「手引き」に当たるものが掲載されており、そこで具体的な学習活動が示されている。これなど大いに参考になるのだが、体系立てられた理論や方法として捉えにくい点に課題がある、とまでは言い難い。読むことの能力に対応した"読む方法"や学習活動の開発が切望されるところである。

　二つ目の課題は、"読む方法"の指導に重点を置きすぎるあまり、文章を読む学習活動が、文章の内容から離れたところで行われてしまうところにある。「ごんぎつね」を読んでいるはずが、いつの間にか人物の

言動を分析することだけに視野が狭められ、物語の世界を想像することができなくなってしまう。教材はあくまでも学習の材料であって、物語を楽しんだり、感動したりする必要はないと割り切ってしまえばそれまでなのかもしれない。しかし、物語を読む力は身に付いたが、物語を楽しむことができない子どもや、科学的な文章を読んで知識を得ることはできても、科学的な事象の不思議さや面白さには興味がもてない子どもなど、そのような姿の子どもを育てることは国語教育の本旨ではないはずである。

人間教育重視の姿勢

　国語教育の歴史の中では、人間や社会を見つめ自らの生き方を考えさせるという文学の機能が大きな意味をもつ時代があった。[*4] 現在も、この系譜は引き継がれ、文学作品を読んで人間や社会、生き方について考える授業が中・高等学校だけでなく、小学校でも行われている。

　また説明的な文章を読むことでも、そこに記述された自然現象や科学的な事象、歴史的文化的な営みについて知ることを通して、自分を取り巻く社会や自然に目を向けさせようとする実践がある。このような授業では、新たな知識にふれることで、人間と自然、社会と個人など、人としての生き方を考えさせることが最終の目的となる。

　文学的な文章であっても説明的な文章であっても、文章を読むという行為は、情報を機械的に取り入れるだけでは終わらない。そこで得た知識や間接的な経験を"我がこと"として捉え、考えるということに必ずつながるものである。そのことは、国語科教育の場で行われる「読むこと」においても変わらない。つまり、内容理解や国語能力を重視した「読むこと」の学習活動であっても、「読むこと」の最終の出口では、「自分にとって、この文章はどのような意味があったか」と問うことが読みの成果であり価値であると言えよう。人は、文章を読むことで多様な自然や社会、人間と間接的に出会い、それを通して人として育ってい

くのである。「人間教育」というと、スケールの大きなことになってしまうが、文章を読むことの本質的な意味の中にそれがあること忘れないようにしたい。

　ただし、人間教育の側面は、子どもが読むことの能力を駆使して主体的に内容を理解した上でこそ実現できるものである。国語科教育の本旨であるから大切にしたいことである。

　中には人間教育の側面を重視するあまり、教材を丁寧に読むことや、そこで身に付けるべき技能を指導しないまま、作品中の人物の生き方や主題のみを取り上げ、話し合いばかりが続く授業も見受けられる。あるいは、環境問題について書かれた文章を読む場合、書かれている事実や事象を丁寧に読むことよりも、そこに述べられている意見や筆者の姿勢について話し合うことに多くの時間を当てている授業もある。いずれも、教材である文章は一部分だけしか使われず、「読むこと」は形式的に行われるだけである。これでは、もはや国語科の授業とは言えまい。読むことの授業の中にある人間教育の側面は見失わないようにしたいが、本末転倒とならないようにすることが肝要である。

「情報の扱い方」…読むことへの新しいアプローチ

　平成29年版の学習指導要領では、〔知識及び技能〕の中に「情報の扱い方に関する事項」が新設された。ここでは、情報と情報との関係を分析したり、多種多様な情報を整理する方法が取り上げられている。平成20年版の5・6年の「効果的な読み方」と中学校の「読書と情報活用」に示されていた内容を、「話すこと・聞くこと」「書くこと」の領域に含まれていた内容と併せて整理・統合した形になっている。「読むこと」の領域とは別の位置付けだが、この新しい指導事項が、文章を読む方法やスタイルに影響を及ぼしてくることは必至のことであろう。

　「情報の扱い方」では、「話や文章に含まれている情報を取り出して整理したり、その関係を捉えたりすることが、話や文章を正確に理解する

ことにつながり、また、自分のもつ情報を整理して、その関係を分かりやすく明確にすることが、話や文章で適切に表現することにつながる」（解説P23）という立場をとっている。つまり文章を一つの情報として捉え、それを合理的、効率的に処理し自らの考えの中に取り込んで発信していくという一連の言語活動の中の１ステップとして「読むこと」を捉えているのである。これは一見、先に述べた人間教育重視の授業スタイルと通じるように見える。しかし、「情報の扱い方」では、文学や説明的な文章を読むことは、それ自体が目的ではなく、情報処理の一過程でしかない。また、情報、すなわち文章に書かれている事柄は、主体である読み手がどう感じ、どう認識したかという以前に、論理的・客観的に整理・関係付けられることが求められている。

　これまでの三つの姿勢に、情報処理という新たなスタイルが加えられようとしている現在、「読むこと」の授業、学習指導にどのような姿勢、立場で臨むべきか、指導者の主体性が問われていると言えよう。

> ワーク５

　読むことの授業に対する四つの姿勢のうち、あなたはどの立場を支持するだろう。一つを選んで、次の３点を参考にして自分の考えをまとめてみよう。
　〔①自分がどのような読むことの授業を受けてきたか。②その中で得たことや改善すべきことは何か。③これから重視すべき国語教育の姿勢〕
【ワーク解説】
　まずは、自分自身が受けてきた教育を振り返って、子どもの立場から実感的に思い起こしてみることから始めてみよう。その上で、その時の授業や学習体験のよかった点や課題となる点を整理し、それを基にこれからの国語教育で目指すべき姿勢について、自分の考えを述べてみよう。

ショートコラム 8 「三読法」

「三読法」とは、「通読・精読・味読」という三層の読解過程を指す言葉として、国語教育界で一般的に使われてきた用語である。そもそも三読法とは、日本の国語教育史の上では、垣内松三の形象理論の影響を受けた西尾実、石山修平らが、国語教育解釈学理論における三段階の指導過程として提案したものであった。西尾は「読み・解釈・批評」、石山は「通読・精読・味読」という言葉で"三段階"を設定している。堀江は、石山の三読法を次のように説明している。

通読…①全文をともかく1、2回ないし数回通して読むこと（素読）。②未知難解の語句について、その一般的意味を理解すること（注解）。③その結果として、おのずから全文の主題と事象と情調とがごくだいたいの形において会得されること（文意の概観）。

精読…①全文の主題を探求し決定すること。②個々の事象を精査するとともにそれを主題に関連付けて統一すること。③個々の部分的情調および全体としての統一的情調を味得し、ないしその情調のよって来たる根拠を明らかにすること。

味読…①読者が文の内容を自ら味わい楽しむこと。②読者が作者と一体の境地に浸ること。③読者が作者に代わって文の内容を第三者に伝達すること。

この三読法を一つの起点として、その後、様々な研究者や実践者が文章読解過程を研究開発し、それぞれに多様な形で実践化されて、今日の「読むこと」の指導過程として引き継がれている。形を変えながらも、戦前の方法論が未だに使われているところが、国語教育の面白いところでもある。

2 「読むこと」の学習対象 …文章の種類

(1) 説明的な文章

「説明的な文章」と「説明文」

　説明的文章とは、文学に対置する文章の種類を一括りにしたものであり、国語教育特有の用語である。学習指導要領では「説明的な文章」という言葉を使い、「事物の仕組みを説明した文章」（低学年）、「記録」「報告」（中学年）、「説明」「解説」（高学年）を挙げている。また、中学校では、これに加えて「論説」「報道」を挙げている。

　一方、小学校では、「説明文」という名称が以前から広く使われてきた。この場合の「説明文」とは、物語や詩などの文学教材に対置する一群の文章教材を指すものというよりは、「たんぽぽのちえ」[*7]や「くらしの中の和と洋」など、具体的な教材を想定した一つの教材群あるいは文種を示す名称として使われる場合が多かった。

　そして、現在の小学校では、前回の学習指導要領の改訂に伴い、「説明的な文章」という言葉が使われるようになった。だがここでの「説明的な文章」は、「説明文」を単純に言い換えただけで、従来と同じように一つの文種として認識され、使用されることが多い。

　厳密に言えば、「説明文」は、いくつかの文種を含んだ「説明的な文章」の下位分類の一つである。したがって、「説明的な文章」と「説明文」を同義とすることは避けるべきであろう。今必要なことは「説明的な文章」には、様々なタイプの文章が含まれていることを理解し、それぞれの性質に応じた学習指導を展開することである。そのためには、各学年に配置された説明的な文章教材を従来の「説明文」として大括りに捉えるのではなく、「記録」「解説」など、個々の教材の特質を表した名称を意識的に使っていくことが必要であろう。どのようなことを対象と

して、どのような"書かれ方"がされた文章なのか分析的に捉え、その特質に目を向けた学習指導が求められているのである（ただし、現状では、小学校の教科書では、「説明的な文章」教材の多くは、従来型の「説明文」教材で占められており、「記録」や「報告」の文章教材は数少ない。今後の教材開発に期待されるところである）。

「説明的な文章」に含まれる文種

　説明的な文章は、記録・報告、説明・解説、論説・評論の三つに大きく分けて説明されることが多い。[*8]

〈記録・報告〉

　必要な事実を客観的に伝えることを主な目的とした文章である。

　「記録」「報告」とも、出来事、観察、実験などの事実を述べた文章である。「記録」は読者を想定せずに書かれる場合もあるが、「報告」は特定の読者を想定している。

　「記録」「報告」ともに、そこに述べられた事実の正確さが最も重要視され、筆者の主張や仮説は直接的には示されない。そこが、論説や評論と違うところである。だが、そこに取り上げられる事実や事象は、筆者の意図や価値判断によって取捨選択されたものである。そのため、客観性を基本とした記録、報告であっても、筆者のものの見方や考え方が反映されたものであると捉えるべきである。[*9]

〈説明・解説〉

　自然や科学、社会などの事物や事象について筋道立てて分かりやすく論述した文章である。

　「説明」「解説」とも、専門的な立場から事物・事象の構造や原理・法則などについて、それを説明するために必要な情報を整理して、合理的に述べていく。

　「説明」（説明文教材）は、読者の納得感を引き出すために、効果的な表現（説得的表現）を用いる。例えば、問いの形で冒頭に課題を明確に

提示したり、「〜でしょうか」「〜ということになるでしょう」などの対話的表現を多用したりするなど、読者との相互作用的な関係形成を意識して書かれた文章である。

「解説」は、簡略で、要点や条件を明瞭に記述することが求められる。総合的な学習の時間や調べ学習などの中で、展示品のキャプションや図鑑の資料に添える文章などを書く表現活動の中で求められる文種である。[*10]

〈**論説・評論**〉

筆者の考えや主張を読者に納得させることを目的にして、論理的に論証する文章である。

「説明」は、社会的に意見の一致がみられている事柄や定説について、それを知らない人に解き明かしていく文章であった。それに対して「論説」は、まだ意見が一致していない事柄について意見や仮説を提出したり、あるいは、すでに定説となっていることに異論を唱えたりするものである。そのため、論証の根拠となる事実や見解などを説得力をもって示すことが求められる文章である。

「評論」は、基本的には「論説」と同様の特質を備えた文章であるが、論じる対象の価値や優劣を評価することに重点が置かれている点で「論説」と区別される。

「論説」「評論」とも、主に中・高等学校段階の教材として位置付けられる。[*11]

(2) 文学的な文章

「文学的な文章」は、散文と韻文に大別することができる。散文には、昔話、物語、小説、伝記、随筆、戯曲などが含まれる。韻文には、詩、短歌、俳句が含まれる。ここでは、小学校国語科の教材として扱われる文種を取り上げて解説する。

物語

　物語とは、ある人物（主人公）を中心として起こる出来事をいくつか連ねて一続きの話として構成された文章、と定義しておく（物語とは何かということについては、20世紀初頭から、異なるアプローチによる興味深い研究が深められている。国語教育の分野でも、それらの知見を援用した実践理論の研究が進んでおり、物語の読み方や授業に関わる研究開発が進んでいる。物語を教材として扱う以上、それらの論考にふれておくことは有益なことなのだが、本書では例の通り、実践的な視点にしぼって考えることにする）。

〈低学年の物語教材の特質〉

　低学年の教科書では、動物を主人公とした作品が多く取り上げられている。1年の上巻では、擬人化された動物が人間の子どもと変わらない"ちょっとした体験"をする短いエピソードのような物語が多い。また、民話を素材とした簡単な"お話"も登場する。1年の下巻からは、数ページにわたるひとまとまりの物語が掲載されるようになる。これらの中には、絵本を教材としたものも多く、大きなスペースを割いて原作に忠実に絵本の絵を掲載しているものも多い。これらの物語では、動物たちは人間と同じように話し、考え、行動する。

〈中・高学年の物語教材の特質〉

　小学校においては、中学年からの教材についても、童話の特質は色濃く残り続ける。だが、その筋立てや登場人物の造形などは、次第に複雑で厚みのあるものになっていく。低学年での童話に対して、中学年以降は「物語」という言葉で括っていくことが妥当であろう。

　教科書では、各学年におよそ二つから三つの物語教材が配当されている。

　中学年では、「白いぼうし^{*12}」など、人間の現実世界を舞台にしながらも、人間と動物が直接関わりながら、不思議な出来事を体験していくような物語が中心になる。さらに4年の終わり頃には、「一つの花^{*13}」な

ど、現実の人間だけが登場し、現実の出来事を中心とした物語が登場する。

　高学年では、その傾向が強まり、動物や想像上のキャラクターが中心となる物語は少なくなる。「海のいのち^{*14}」など、主人公を中心として、現実世界の人と人との関わりを描きながら、人としての在り方や生き方を考えさせる物語が中心となる。

　ここで述べていることは、詳細な分析や研究に基づいたものではなく、あくまでも筆者の管見によるものである。だが、小学校の教科書に掲載されている物語には、学年を通した系統性が存在することは確かであろう。それは例えば、空想の世界から現実的な世界へ、あるいは出来事を中心とした素朴なものから、人物が相互に関わり生き方を語るものへというように説明することができるかもしれない。

　この系統性は、学習指導要領に具体的に示されているわけではなく、教科書会社の方針として明示されているものでもない。おそらく長年に亘って編纂を重ねるうちに、次第にできあがり定着してきたものであろう。そのため、国語教育の内容論や方法論として表立って論じられることは少ないのだが、物語教材の系統性として見落とさないようにしたい視点である。

> **ショートコラム 9　国民文学「ごんぎつね」**
>
> 　小学校の物語教材には、長い期間、複数の教科書に採用されている"人気教材"がある。その中でも、最も多くの人に知られているのが新美南吉の「ごんぎつね」であろう。
>
> 　「ごんぎつね」が最初に掲載されたのは、南吉没後の 1956(昭和 31)年、大日本図書の教科書であった。その後、ほかの会社の教科書にも掲載されていき、1980(昭和 55)年以降は、現行の五つの国語教科書全てに採用されている^{*15}。つまり、ここ 40 年ほどの間に日本の小学校で学

んだ人は全て、「ごんぎつね」を読んでいることになる。"国民文学"と呼ばれるゆえんである。

　作品「ごん狐」は、1932（昭和7）年、月刊児童雑誌『赤い鳥』の1月号に掲載された。その後、1943（昭和18）年に刊行された童話集『花のき村と盗人たち』（帝国教育会出版部）に収録された。以後、数多くの絵本も出版され、1985（昭和60）年には「まんが日本昔話」のアニメ映画も制作されている。

　「ごんぎつね」を取り上げた研究は数多い。『「ごん狐」の誕生』[*16]（かつおきんや）、『「ごんぎつね」をめぐる謎』[*17]（府川源一郎）、『日本人はなぜ「ごんぎつね」に惹かれるのか』（鶴田清司）など、興味深い著書も数多い。新美南吉のほかの作品も魅力的であるし、29歳という若さで早世した南吉その人にも興味が尽きない。授業で取り上げるための教材研究とは違った視点で、「ごんぎつね」を読むこともまた面白いかもしれない。

そのほかの散文…伝記・随筆・戯曲

〈伝記〉

　実在の人物が成した偉業やその一生などを事実に沿いながら読み物としてまとめた文章が伝記である。内容が歴史的な事実を踏まえている点と、ストーリーが主人公の人生に沿って時系列に進められる点で、物語とは違った特性をもつ"読み物"である。

　ただし、人物の言動や出来事の細部は、作者の想像と価値付けによるところが大きく、創作作品であることを忘れてはならない。伝記は、ある作家が語ったある人物の生き方であり、作者が違ったり、時代が違ったりすれば、同じ人物でもその言動の評価や描き方が変わることがあり得る。読者には、そこに書かれたことを理性的に、批判的に受け止める姿勢が求められる。

〈随筆〉

　随筆は、身近な日常の見聞や出来事を題材にして、作者の感じたことや考えたことを、教養に裏付けられた筆致で綴る文章である。「枕草子」

「徒然草」などの古典作品から、現代の作家の創作に至るまで、営々と引き継がれてきた文学の流れの一つである。

　随筆は、学習指導要領では、中学1年の「書くこと」と「読むこと」領域の言語活動例に位置付けられている。したがって、小学校では教材として扱われない。

〈戯曲〉

　戯曲とは、セリフとト書きで書かれた演劇の脚本のことである。本来は、上演を目的として書かれたものであるが、文学作品として独立したものを台本や脚本と区別して戯曲と呼ぶ。セリフとト書きだけで人物の動きや、周囲の状況を想像していくことや、テンポよく進められるストーリー展開、気の利いた言葉遣いを楽しむことなど、文学作品としての戯曲の魅力は大きい。小学校では「戯曲教材」と呼ばれ、かつては木下順二の「夕鶴」などの名作が教科書に掲載されていた。しかし、平成27年版の小学校教科書には、2社に「木竜うるし」〈人形劇〉[*18]（木下順二）が掲載されているのみである。

詩

　形式の面から、詩は、定型詩と自由詩に分けられる。

　定型詩とは、音数や行数に決まりがある詩を指す。短歌や俳句、漢文の絶句や律詩などがこれに当たる。一方、自由詩とは、これらの制限を受けずに自由な形式で書かれたもの、つまり定式的な形式をもたない詩をいう。厳密に言えば、小学校の詩教材は、短歌・俳句を除くと、ほとんど全てが自由詩ということになる。

　だが、自由詩であっても、散文とは違う形式をもっていることは確かである。そこで、行頭の一字下げや、連の構成、句読点の省略、体言止めなどをもって、詩の"形式"として説明しているのが実際のところであろう。これは、詩という文学ジャンルの説明としては正確なものではないかもしれないが、小学校の学習指導としてはおおむね妥当なところ

であろう。

　詩の特質を三つの要素で説明することがある。三要素とは、言葉のリズムとイメージと感情・思想である[*19]。

　リズムとは、日本語では五七調などの"調子"を指すことが多い。しかし、これによらずとも、詩には様々な形でリズムが含まれている。規則的な音数の繰り返しによって生じる一定のリズムや、声に出して読むことで抑揚や強弱によって一定の調子や音調が生じることもある。定型詩では、はじめから決められた形でリズムが組み込まれるが、自由詩では、声に出して初めて感じ取れるリズムもある。特に音読が重視される小学校では、詩の要素としてリズムに着目することは重要である。

　イメージとは、文章や詩を読む中で、言葉で描写されたことを自分の経験や感覚と結び付けて思い浮かべた具体的な"像"であり、音や匂い、感触などの五感による臨場感を伴ったものである。読者は、この臨場感によって、言葉で描かれた虚構の世界に入り込み、その内容を感覚的にも理解することができる。

　感情・思想とは、詩の表現に込められた喜怒哀楽、思い、感傷などである。これらのことは、詩では直接表現されることは少ないが、読者はリズムによって言葉の響きを感じ取りながら、心の中に具体的で感覚的なイメージを思い描いていくことを通して、捉えることができるはずである。感情・思想を捉えることを目的とするのは、教訓的な読み方を求めたり、感想を抽象的な言葉でまとめてしまったりするなどの危険性も伴う。しかし、小学校の教材では、何がどのように描かれていたかということに加えて、それによって読者が何を感じて何を考えたかを問うことは欠かせないことであろう。

第4章　「読むこと」の内容

3　学習指導要領の読み解き

(1) 指導事項＝学習内容と育成すべき能力

指導事項の構成

　「C読むこと」領域の指導事項は、各学年ともア～カの六つで示されている。「読むこと」の指導事項は、説明的な文章と文学的な文章を並べて示さなければならないため、その順序性や各事項の関連性が見えにくい。

　また、指導事項に含まれる要素だけを取り出してくらべてみると、新旧の内容にそれほど大きな変化はない。だが、構成の骨組みとも言える学習過程が大きく改変された結果、指導事項の要素の組み合わせや位置が変わっていることがある。

　そこで、まず、平成29年版で示された「読むこと」の学習過程について、その構造や内容を見ていこう。

「読むこと」の学習過程

　平成20年版の学習指導要領では、音読→効果的な読み方（5・6年のみ）→説明的な文章の解釈→文学的な文章の解釈→考えの形成→読書、という学習過程配列であった。これが、今回の改訂では、**構造と内容の把握→精査・解釈→考えの形成→共有**という四つの過程に改編されている。

　「解説」に示された学習過程の定義・意味とその解説、及び具体例として3・4年の指導事項を〈表12〉にまとめる。

〈表12〉

学習過程	定義・意味	解説	3・4年の指導事項
構造と内容の把握	叙述に基づいて、文章がどのような構造になっているか、どのような内容が書かれているかを把握すること	叙述を基に、文章の構成や展開を捉えたり、内容を理解したりすること	ア 段落相互の関係に着目しながら、考えとそれを支える理由や事例との関係などについて、叙述を基に捉えること。
			イ 登場人物の行動や気持ちなどについて、叙述を基に捉えること。
精査・解釈	構成や叙述などに基づいて、文章の内容や形式について、精査・解釈すること	文章の内容や形式に着目して読み、目的に応じて必要な情報を見付けることや、書かれていること、あるいは書かれていないことについて、具体的に想像することなど	ウ 目的を意識して、中心となる語や文を見付けて要約すること。
			エ 登場人物の気持ちの変化や性格、情景について、場面の移り変わりと結び付けて具体的に想像すること。
考えの形成	文章を読んで理解したことなどに基づいて、自分の考えを形成すること	文章の構造と内容を捉え、精査・解釈することを通して理解したことに基づいて、自分の既有の知識や様々な体験と結び付けて感想をもったり考えをまとめたりしていくこと	オ 文章を読んで理解したことに基づいて、感想や考えをもつこと。
共有	文章を読んで感じたことや考えたことを共有し、自分の考えを広げること	文章を読んで形成してきた自分の考えを表現し、互いの考えを認め合ったり、比較して違いに気付いたりすることを通して、自分の考えを広げていくこと	カ 文章を読んで感じたことや考えたことを共有し、一人一人の感じ方などに違いがあることに気付くこと。

構造と内容の把握

　ここで注目すべきことは、「読むこと」の学習過程の最初に「構造と内容の把握」が位置付けられていることである（「解説」では、「ここに示す学習過程は指導の順序性を示すものではない」としているが、"過

程"という以上、とりあえずこの順序で理解するしかない)。

　従来の指導観からすれば、文章の構成や構造は、内容を十分に理解した上で、その結果として捉えられるものであろう。ところが、ここでは文章を精査・解釈する前に構造や内容を把握することが求められている。その意図するところは、「解説」の第3章「各学年の内容」の1・2年の解説（P69、70）に詳しく述べられている。

　ア　時間的な順序や事柄の順序などを考えながら、内容の大体を捉えること。
　第1学年及び第2学年では、説明的な文章を読む際、順序を考えながら内容の大体を捉えて読む力の育成に重点を置いている。どのような順序によって説明されているかを考えながら文章の構造を大づかみに捉え、それを手掛かりに内容を正確に理解することが求められる。

　イ　場面の様子や登場人物の行動など、内容の大体を捉えること。
　文学的な文章について、内容の大体を捉えながら読むことを示している。第1学年及び第2学年においては、場面の様子や「誰が何をした、どのようなことを言った」など、登場人物の行動などを基に、内容の大体を捉えることに重点を置いている。内容の大体を捉えることが、文章を精査・解釈することなどに結び付くことを徐々に実感できるようにしていくことが大切である。

　すなわち、学習指導要領が求める「構造と内容の把握」とは、「文章の構造を大づかみに捉え」ること、あるいは「内容の大体を捉えること」であり、それは詳細な理解の結果得られるものではなく、逆に「それを手掛かりに内容を正確に理解する」、「文章を精査・解釈するな

どに結び付」けるための理解の枠組みのようなものということであろう。ここに今回の改訂で打ち出された「学習過程を一層明確に」した改編のポイントがある。つまり、文章をいくつかの部分に分けて前から順に詳細に読み取っていく学習過程から、全体を読んで大づかみに構造と内容の大体を捉えることから始まる学習過程、つまり、文章の"読み方"の転換が迫られているということであろう。

精査・解釈

　「解釈」は、平成20年版の「解説」で初めて示された用語である。そこでは次のように定義づけられている。

　　なお、文章の解釈とは、本や文章に書かれた内容を理解し意味付けることである。具体的には、今までの読書経験や体験などを踏まえ、内容や表現を、想像、分析、比較、対照、推論などによって相互に関連付けて読んでいく。文章の構造を理解したり、その文章の特徴を把握したり、書き手の意図を推論したりしながら、読み手は自分の目的や意図に応じて考えをまとめたり深めたりしていくことである。

　平成20年版では、文章を理解するということを、学習者の主体的な行為として位置付け直そうとする意図が強調された。これまでの文章理解の捉え方を受動的なものであるとするならば、そこで求められるのは、書かれている文言に即して内容を詳細に理解し、それについて問われたことに正確に答えられることである。このような考え方に基づいた学習指導では、文章を理解することは、学習活動の最終目的であった。

　それに対して、主体的な行為としての文章理解では、理解とともに「意味付け」が求められる。しかもその意味付けは、読者の読書経験や体験などを踏まえたものであり、読者の目的や意図に応じて考えをまとめるための学習過程の一つであるとされた。文章理解の行為を、読者の主体性に引き寄せ、考えの形成とその交流のための手段として捉えよう

とするものであった。

　平成29年版でも、「解釈」を主体的な行為とする考え方は大きくは変わっていないだろう。だが、「解釈」の前に「精査」が加えられ、「精査・解釈」と一体のものとして扱うような改編がなされている。

　では、「精査」とはどのようなことか。この言葉を字義通りに「細かなことまで詳しく調べること」と捉えると、学習指導要領の主旨を読み誤ることになる。

　3・4年の「精査・解釈」の指導事項の新旧を対照してみると、〈表13〉のようになる。

〈表13〉

	平成29年版	平成20年版
説明的な文章	ウ　目的を意識して、中心となる語や文を見付けて要約すること。	イ　目的に応じて、中心となる語や文をとらえて段落相互の関係や事実と意見との関係を考え、文章を読むこと。
文学的な文章	エ　登場人物の気持ちの変化や性格、情景について、場面の移り変わりと結び付けて具体的に想像すること。	ウ　場面の移り変わりに注意しながら、登場人物の性格や気持ちの変化、情景などについて、叙述を基に想像して読むこと。

　説明的な文章では、「段落相互の関係や事実と意見との関係を考え」が消えて（「構造と内容の把握」に移されている）いる。そして、「〜関係を考え、文章を読むこと」という理解行為から、「〜見付けて要約すること」という表現行為を示したものへと改編されている。つまり、平成29年版の「精査・解釈」とは、細かな点に留意して内容を理解することではなく、「中心となる語や文を」読者が「見付けて」、「要約する」というアウトプットの活動を指すものであると理解すべきであろう。

　このことは、文学的な文章でも変わりはない。「注意しながら」「叙述を基に」「想像して読む」といった文脈が、「結び付けて」「具体的に想像する」と、より主体的で活動的なものに変わった印象を受ける。ただ

し、精査・解釈した結果をアウトプットする方法については、説明的な文章ほど明確には示されていない。おそらくは、話したり、書いたりする活動を言外に含んでいるということなのだろう。

考えの形成

　前学習指導要領では「考えの形成」と「交流」は、「自分の考えの形成及び交流」として同じ枠に位置付けられていた。「自分の考え」は、交流することを通して形成されていくという姿勢が見て取れる。

　「考えの形成」に当たる内容は、「目的や必要に応じて、文章の要点や細かい点に注意しながら読み、文章などを引用したり要約したりすること」とされていた。今回の改訂では、「要点や細かい点に注意して読」むことは、指導事項から消えてしまい、「引用」は、〔知識及び技能〕の「情報の整理」へ、「要約」は「精査・解釈」へ配置転換されている。そして、「考えの形成」と「共有」の二つに分けて、「文章を読んで理解したことに基づいて、感想や考えをもつこと」と、シンプルに示されている。新旧をくらべてみると、抜本的で大幅な改訂である。

　前学習指導要領では、文章を読んで考えを形成する際に「目的や必要に応じて、文章の要点や細かい点に注意しながら読み」という観点が指定された上、「文章などを引用したり要約したりする」というように、考えをまとめたり表現したりする方法までもが示されていた。そのため、「自分の考えを形成」するという学習活動が固定的なものになってしまった。また、「考えの形成」が解釈や交流などのほかの学習活動に入り込み、境界線があいまいになっていた。その結果、「自分の考えを形成」するという学習過程の定義や内容があいまいになり、一つの"過程"として見るには無理があったのではないだろうか（そもそも引用や要約を「自分の考えを形成」する活動と見ること自体に問題があったように思うのだが…）。

　こう考えると、今回の改訂で、「考えの形成」がほかと区別、独立し

たものとしてシンプルに示されている理由が理解できる。また、その主旨は、「解説」(P37)で「『考えの形成』とは、文章の構造と内容を捉え、精査・解釈することを通して理解したことに基づいて、自分の既有の知識や様々な体験と結び付けて感想をもったり考えをまとめたりしていくこと」と述べられている。すなわち、「考えの形成」という学習過程をより一層重視、充実させるために、「構造と内容の把握」→「精査・解釈」→「考えの形成」→「共有」という主体的な学習過程の流れの中に明確に位置付けていくということであろう。

共有

　前学習指導要領では、3・4年の指導事項として、「オ　文章を読んで考えたことを発表し合い、一人一人の感じ方について違いのあることに気付くこと」と示されていた。平成29年版では、「発表し合い」が「共有し」に変わったほかは、大きな改訂はない。

　「共有し」と改訂されたねらいは、一つには、「発表し合う」と限定されていた言語活動を「自分の考えを表現し」とより幅の広いものにすることであろう。口頭の発表や話し合いだけでなく、レポートにまとめたり、様々な資料を活用したプレゼンテーションのような言語活動も念頭に置いてのことなのであろう。

　もう一つは、「共有」という過程を、学習者それぞれが自分の考えを発表し合って終わる、というような形式的なものにしないということがねらいであろう。今回の改訂では、「互いの考えを認め合ったり、比較して違いに気付いたり」するなどして、互いの考えを"共有"し、そのことにより「自分の考えを広げる」ところまでが求められている。「読むこと」の学習の意義は、文章を読んで正しく理解することではなく、個々の読者が読むことを通して自分の考えを形成し、さらにそれを他者と共有するところにあるという学力観の表れと見ていいだろう。

　懸念されることは、「共有」は学習過程の最終段階に置くものだか

ら、それまでの過程では「交流」や「話し合い」などは必要がない、という誤解を招くことである。「解説」に示された「共有」という学習過程は、「文章の構造と内容を捉え、精査・解釈することを通して理解したことに基づいて」形成されたものであるが、実際の授業では、このようなまとまった形の考えだけが交流、共有されるわけではない。ぱっと思い浮かんだイメージを口々に話し合うことや、まとまりがつかないままの考えを出し合うことも、重要な学習活動である。国語科の学習活動が学習者相互の対話をベースにして進められることを考えれば、「共有」はどの段階でも必要なものである。学習過程のゴールである「共有」だけでなく、そこに至るまでの学習過程にも、「交流」や「対話」というレベルの「共有」が必要であることを忘れてはならない。

ワーク6

　学習指導要領に示された学習過程と、P75の「ショートコラム8」で紹介した「三読法」とを比較してみよう。二つの相違点をまとめた上で、考察を述べてみよう。

【ワーク解説】

　「構造と内容の把握」から始まって「精査・解釈」→「考えの形成」→「共有」と続く学習過程は、「三読法」と共通する要素が多分にあろう。国語教育の立場からすれば、学習指導要領が国語教育の伝統的な理論に回帰してきたように感じて興味深い。

　だが、教育理念や指導原理の上では、両者には明確な違いがあるはずである。そこに視線を向けてみると、同じ形式の学習活動でありながら、その意味するところは、違って見えてくるだろう。ちなみに、今回の学習過程の改編は、「読むこと」の学習活動をより"主体的"なものにし、子ども相互の"対話"により、「主体的・対話的で深い学び」を実現することを目指すものであることは、押さえておきたい。

(2) 読むことを通して指導する〔知識及び技能〕

　〔知識及び技能〕の指導事項として示されている内容から、読むことに関連する事項だけを取り出して、「読むこと」の学習活動を通して指導すべき"知識及び技能"を〈表14〉に整理してみる（文責筆者）。

　なお、今回の改訂では、「音読、朗読」と「読書」の二つが「読むこと」領域から〔知識及び技能〕へ移された。その意図について「解説」では、「音読、朗読」については、「読むこと」領域の中だけでなく、ほかの指導事項とも「適切に関連付けて指導することが重要であるため」としている。また、「読書」については、「読書は、国語科で育成を目指す資質・能力を高める重要な活動の一つである」としている。「読むこと」領域の指導事項の一つから、ほかの領域の中や国語科全体を通して指導すべき事項への"格上げ"といったところだろうか。この二つについては、後の〔知識及び技能〕の章で取り上げることにする。

　また、「伝統的な言語文化」についても、「読むこと」の対象として関連するところは多いのだが、これも後の節でふれることにする。

〈表14〉

	内容	1・2年	3・4年	5・6年
言葉の特徴や使い方	書き言葉	平仮名及び片仮名の読み書き	ローマ字の読み書き	
	語彙	身近なことを表す語句	様子や行動、気持ちや性格を表す語句	思考に関わる語句
	文や文章	主語と述語	主語と述語 修飾と被修飾 指示語　接続語 段落の役割	語句の係り方 語順 文と文との接続 文章の構成や展開 文章の種類と特徴
	言葉遣い	敬体で書かれた文章に慣れる		
	表現の技法			比喩や反復

	音読、朗読	語のまとまりや言葉の響きなどに気を付けて音読すること	文章全体の構成や内容の大体を意識しながら音読すること	文章を音読したり朗読したりすること
情報の扱い方	情報と情報との関係	共通、相違、事柄の順序	考えとそれを支える理由や事例 全体と中心	原因と結果
	情報の整理		比較や分類の仕方 必要な語句などの書き留め方 引用の仕方 出典の示し方 辞書や事典の使い方	情報と情報との関係付けの仕方 図などによる語句と語句との関係の表し方
我が国の言語文化	伝統的な言語文化	昔話や神話・伝承などの読み聞かせを聞く 伝統的な言語文化に親しむ	易しい文語調の短歌や俳句を音読、暗唱 言葉の響きやリズムに親しむ	親しみやすい古文や漢文、近代以降の文語調の文章を音読 言葉の響きやリズムに親しむ
	読書	読書に親しみ、いろいろな本があることを知る	幅広く読書に親しみ、読書が、必要な知識や情報を得ることに役立つことに気付く	日常的に読書に親しみ、読書が、自分の考えを広げることに役立つことに気付く

　ここに示された指導事項は、文章を読むことを通して身に付けていくべき国語の知識や技能であると同時に、読むことに有効に機能する着眼点であり"読みの方法"でもある。

　例えば、「ごんぎつね」の学習で、「『ごん』の行動を表す言葉を見つけて、その中から気持ちが分かる言葉を見つけよう」という活動を行うとしよう。子どもはまず、様々な語句の中から「行動を表す言葉」(すなわち動詞) を判別しなければならない。これは、「性質や役割による語句のまとまりがあることを理解する」〔知識及び技能〕の学習である。さらに、その中から「気持ちや性格を表す」役割を果たしている語句を見つけることも〔知識及び技能〕の学習内容である。これは同時に、行動を表す言葉から人物の様子や気持ちを想像するという、物語を

読む方法の一つであり、「読むこと」の指導事項とも重なる。

　この時、子どもには、言葉そのものに関する知識を学習しているという意識はないだろう。学習のねらいは「ごん」の気持ちを想像することであり、その手だてとして言葉に着目しているに過ぎないはずである。意識はしていないが、授業の終わりには、「行動を表す言葉」とはどのようなものかが、実際の言語活動を通して理解できているはずである。

　言葉の使い方に関する知識や技能は、取り立てて設定された授業の中で筋道立てた説明を受けて正しく理解することも必要である。だが、その知識や技能が血肉化していくためには、実際に使ってみて、"使えた！""なるほど、役に立った"という実感を得ることが必要である。そのためには、「読むこと」の授業を構想する際に、〔知識及び技能〕の指導事項に目を配り、どのような〔知識及び技能〕が文章を読む手だてとして使えるかを考えていくことが肝要である。

(3) 育成すべき能力の系統性

　前節では、読むことの学習内容を概ね理解するために、学習指導要領に示された指導事項を学習過程に沿って整理した。本節では、読む能力が学年を追ってどのように深化、拡充、発展していくのか、いわば縦のつながりを見ていきたい。

　以下に、学習過程ごとに示された指導事項の文言を簡略化し、学年間の系統性が捉えやすいように表の形で整理する（文責筆者）。なお、表

「構造と内容の把握」「精査・解釈」の系統性〈説明的な文章〉　　〈表15〉

学習過程	1・2年	3・4年	5・6年
構造と内容の把握	時間的な順序・事柄の順序などを考えながら	段落相互の関係に着目しながら	事実と感想、意見などとの関係を押さえ
	内容の大体を	考えとそれを支える理由や事例との関係を	文章全体の構成を捉えて要旨を把握する
	捉える	叙述を基に捉える	叙述を基に押さえる

		目的を意識して	目的に応じて
精査・解釈	重要な語や文を考えて	中心となる語や文を見付けて	文章と図表を結び付けて
	選び出す	要約する	必要な情報を見つける 論の進め方について考える

「構造と内容の把握」「精査・解釈」の系統性〈文学的な文章〉　　　　〈表16〉

学習過程	1・2年	3・4年	5・6年
構造と内容の把握	場面の様子や人物の行動など、内容の大体を	登場人物の行動や気持ちなどを	登場人物の相互関係や心情などを
		叙述を基に	描写を基に
	捉える		
精査・解釈	登場人物の行動を	登場人物の気持ちの変化 登場人物の性格 情景を	人物像や物語などの全体像を
	場面の様子に着目して	場面の移り変わりと結びつけて	
	具体的に想像する		
			表現の効果を考える

「考えの形成」「共有」の系統性　　　　〈表17〉

学習過程	1・2年	3・4年	5・6年
考えの形成	文章の内容と自分の体験とを結び付けて	理解したことに基づいて	
	感想を	感想や考えを	自分の考えを
	もつ		まとめる
共有	読んで		読んでまとめた
	感じたこと・分かったことを共有		意見や感想を共有
		一人一人の感じ方に違いがあることに気付く	自分の考えを広げる

は「構造と内容の把握」「精査・解釈」については、説明的な文章と文学的な文章に分けて示し、「考えの形成」と「共有」については、一つの表で示している。

系統性を捉える意義

　読むことに関する技能や能力は、具体的な学習活動としては見えにくく、捉えにくい。そのため、これまでの国語科では、1年生から6年生まで、「○○について詳しく読み取ろう」「○○の気持ちを考えよう」といった同一の目標と内容で授業が行われるという実態が見受けられた。子どもたちにとって「読むこと」の学習は、教材の難易度は上がってはいくものの、どの学年でも同じような発問や課題が繰り返される退屈な授業であるというのが正直な実感であろう。これでは子どもたちの"読む力"のステップアップは望めないし、子どもたちの意欲も萎えてしまう。それを避けるためには、指導事項の学年間の系統性に目を向け、各学年で行うべき学習活動の質やねらいを見極めて、育成すべき「読むこと」の能力を明確にして授業に臨むことが不可欠なのである。

> **ショートコラム 10　小学校と中学校の統一カリキュラムの実現**
>
> 　平成29年版の学習指導要領では、どの領域でも小学校と中学校が全く同じ構成でつくられている。同じ国語科だから当然のことと思えるのだが、実は、今回の改訂で初めて実現したことなのである。
>
> 　平成20年版でも、「話すこと・聞くこと」「書くこと」と「伝統的な言語文化と国語の特質に関する事項」については、同じ学習過程を枠組みとして構成されていたのだが、「読むこと」だけは、小学校と中学校で異なっていた。小学校が、「音読・効果的な読み方・説明的な文章の解釈・文学的な文章の解釈・自分の考えの形成・目的に応じた読書」であったのに対して、中学校は「語句の意味の理解・文章の解釈・自分の考えの形成・読書と情報活用」という構成であった。
>
> 　それが今回、「読むこと」領域においても、同じ学習過程で指導事項が構成されることとなった。このことの利点はいろいろあるのだが、なんといっても、小学校で学んだ学習過程が、そのまま中学校でも使えることの意義は大きい。子どもにとっての学びの連続性が「読むこと」においても実現できるわけである。

(4) 言語活動例

　読むことの言語活動例は、ア説明的な文章、イ文学的な文章、ウ情報を得て活用する言語活動という三つの項を立てて整理されている。また、各項の前半で「〜などを読み」などとして読む文章の種類や性質を挙げた上で、「考えの形成」や「共有」に当たる言語活動を示している。このような構造に沿いつつ、「解説」（P39）の表からキーワードを抜き出して整理する（文責筆者）。

「読むこと」の言語活動例　　　　　　　　　　　　　　　　　　〈表18〉

		1・2年	3・4年	5・6年
説明的な文章	文章の種類	事物の仕組みを説明した文章	記録や報告などの文章	説明や解説などの文章
説明的な文章	考え 共有の活動		文章の一部を引用	比較
説明的な文章	考え 共有の活動	分かったこと・考えたこと		
説明的な文章	考え 共有の活動	述べる	説明する 意見を述べる	話し合う 文章にまとめる
文学的な文章	文章の種類	読み聞かせ 物語	詩・物語	詩・物語・伝記
文学的な文章	考え 共有の活動	内容	内容を説明	
文学的な文章	考え 共有の活動	感想	考えたこと	自分の生き方について考えたこと
文学的な文章	考え 共有の活動	伝え合う 演じる	伝え合う	
情報活用	情報の入手先	学校図書館などを利用		
情報活用	文章の種類	図鑑や科学的なことについて書いた本	事典や図鑑	複数の本や新聞
情報活用	考え 共有の活動	読み	情報を得て	活用して
情報活用	考え 共有の活動	分かったこと		調べたり考えたりしたこと
情報活用	考え 共有の活動	説明	まとめて説明	報告

「読むこと」領域では、平成20年版の五つの項立てから、三つへと再編されているが、説明的な文章、文学的な文章に関しては、内容そのものは、ほとんど変わっていない。

　説明的な文章では、文章の種類について3・4年では「記録や報告などの文章」という書き方をしている。これは、記録を中心とした文章、あるいは、報告を主とした文章、というように文章の性質を示したものであり、一般社会で作成されている記録書や報告書などを指すものではない。実際のところ、平成20年版の学習指導要領に準拠した教科書では、教材として、記録や報告、解説書などが社会で流通しているそのままの形で教材化されている例は、管見の限りでは見当たらない。記録や報告の性質を色濃く出しながら、子どもに読みやすい形の説明文として整えられた文章が小学校の教材として使われているのが実情である。ただし、今後はどのような状況になるかは分からない。情報活用ということがさらに重視されるようになれば、企画書や報告書そのものが「読むこと」の教材としてもち込まれるようになるのかもしれない。

　説明的な文章の学習と密接に関わることとして、今回の改訂では「**情報を得て活用する言語活動**」が新たに項立てされ、内容も拡充されている。〔知識及び技能〕の「情報の扱い方」と連動させてのことであろう。

　そこで、〈表15〉の「情報の扱い方」の指導事項を再掲する。

〈表15〉より抜粋

情報の扱い方	情報と情報との関係	共通、相違、事柄の順序	考えとそれを支える理由や事例 全体と中心	原因と結果
	情報の整理		比較や分類の仕方 必要な語句などの書き留め方 引用の仕方 出典の示し方 辞書や事典の使い方	情報と情報との関係付けの仕方 図などによる語句と語句との関係の表し方

この表と先に示した言語活動例を照らし合わせてみることで、図鑑や本を調べてまとめるというような活動の中で、どのような方法や技能を指導すべきなのかが具体的に見えてくるのではないだろうか。また、説明的な文章を読む学習活動の中で、教材を一つの情報として扱うということがどのようなことなのか、その留意点がつかめるのではないだろうか。

　文学的な文章では、取り上げられる文章の種類は、従来通り、詩や物語、伝記の三種だけである。前章でも述べたように、文学的な文章の種類としては、大括り過ぎるのだが仕方のないところであろう。

　言語活動では、平成20年版で示されていた「物語や科学的なことについて書いた本や文章を読んで、感想を書くこと」（1・2年）、「紹介したい本を取り上げて説明すること」（3・4年）、「本を読んで推薦の文章を書くこと」（5・6年）が、削られている（〔知識及び技能〕の「読書」にも移されていない）。おそらく、詳細な具体化や限定化を避けることがねらいであろうが、文学的な文章を読む学習活動の一つとして、大切にしたいところである。

　ほかの領域と同様、ここに示された言語活動は、"例示"である。ここに示されたものに限らず、ほかの言語活動を行うことも可能である。ただし、その際には、その言語活動が指導事項のねらいを達成できるものであるのか、また系統性に沿ったものか、さらに目の前の子どもの実態に即した無理のないものであるか、十分な検討が必要である。

*1　辻村敬三『物語を読む力を育てる学習指導論』溪水社、2017年
*2　新美南吉「ごんぎつね」『国語四下　はばたき』光村図書出版、2015年
*3　「くらしの中の和と洋」『新編新しい国語　四下』東京書籍、2015年
*4　山元隆春「106【歴史】読むことの指導」『国語科重要用語事典』（前出）
*5　牛山恵「34　通読」『国語教育指導用語辞典第4版』（前出）
*6　堀江祐爾「36　味読」『国語教育指導用語辞典第4版』（前出）
*7　うえむらとしお「たんぽぽのちえ」『こくご二上　たんぽぽ』光村図書出版、

2015年
*8 『国語科重要用語事典』では、「記録・報告」、「説明・解説」、「論説・評論」として項目立てられている。『国語教育指導用語辞典』では、「記録（紀行）・報告」、「説明・解説」、「論説」が項目立てられている。
*9 阿部昇「120　記録・報告」『国語科重要用語事典』（前出）の項を参考とした。
*10 植山俊宏「説明・解説」『国語科教育指導用語辞典』（前出）の項を参考とした。
*11 阿部昇「論説」『国語科重要用語事典』（前出）の項を参考とした。
*12 あまんきみこ「白いぼうし」『国語四上　かがやき』光村図書出版、2015年
*13 今西祐行「一つの花」（前掲書）
*14 立松和平「海のいのち」『新編新しい国語　6年』東京書籍、2015年
*15 鶴田清司『なぜ日本人は「ごんぎつね」に惹かれるのか―小学校国語教科書の長寿作品を読み返す―』明拓出版、2005年
*16 かつおきんや『「ごん狐」の誕生』風媒社、2015年
*17 府川源一郎『「ごんぎつね」をめぐる謎―子ども・文学・教科書―』教育出版、2000年
*18 教育出版の4年下巻と学校図書の5年下巻のこと。
*19 藤原悦子「116　詩」『国語科重要用語事典』（前出）

第5章
〔知識及び技能〕

1　〔知識及び技能〕の実相と教育実践上の課題

　「話すこと・聞くこと」「書くこと」「読むこと」の三つの領域名が示しているのは、文字通り言葉を使って「する・こ・と・」、すなわち言語活動そのものである。国語科が目指すのは、言語活動を"実際にできる"実践力を身に付けさせることである。ただし、それらの言語活動を行うためには、それを支える基礎的・基本的な言葉の知識や技能（例えば、漢字を読んだり書いたりする力や、主語・述語などの文の構造についての知識など）が必要である。その知識や技能を教えて身に付けさせることもまた国語科の役割である。平成10年版までの学習指導要領では、これらの知識や技能を領域とは別に一括りにして「言語事項」と呼んでいた。

　「言語事項」が領域の外に置かれたのは、言語活動を支える基礎的・基本的な知識や技能は、その性質上、基本的に複数の領域に共通するものであるからだろう。例えば、漢字が読めて書けるということは、文章を読むだけでなく、書くことにも必要な知識であり技能である。また、文の構造についての理解は、書くだけでなく話す時にも読む時にも必要である。このように三つの領域に重なっているため、それぞれの領域で示すよりも、取り出して示した方が合理的であり分かりやすいということであろう。また、取り出して示すことによって、重要な内容が取りこぼしなく確実に指導されることになる。さらに、まとめて示すことで、その系統性も捉えやすい。おそらくこのような理由から、「言語事項」という一つの括りが設定されていたのだろう。

　だが、領域の外で「言語事項」を示すことは、その知識や技能が実際に使われる場、すなわち言語活動から切り離されて、個別独立の知識や技能として扱われることを招いてしまうことにもつながる。実際教科書

では、一つの言語事項を短い単元として設定している場合が多い。いわゆる"取り出し指導"として、まとまった説明や練習的な活動も必要であり、これ自体は否定すべきことではない。しかし、その結果、教科書の内容の暗記だけを目指したり、機械的な反復練習に終始するような学習になってしまうことも危惧される。そのため、「解説」では、「言語事項」は、各領域の言語活動を通して指導するものであることが明記されてきた。取り出しての指導も必要であるが、各領域の中でも、意図的、計画的に指導するようにという指示であった。

本書では、このような趣旨を踏まえて、第2〜4章の各領域の「学習指導要領の研究」の中で「○○ことを通して指導する〔知識及び技能〕」として解説してきた。「言語事項」を各領域の指導事項と同一線上にあるものと捉えて、常に意識して授業の中に組み込んでいくことを強く望んでのことである。

本章では、第2〜4章でふれなかった指導事項を中心に取り上げ、内容や指導上の留意点にしぼって述べていきたい。基本的には、平成29年版学習指導要領の〔知識及び技能〕の順に則して進めていきたい。

2 〔知識及び技能〕の内容

(1) 言葉の特徴や使い方に関する事項

言葉の働き

学習指導要領では、「言葉の働き」を次のように示している。
・事物の内容を表す（1・2年）
・経験したことを伝える（1・2年）
・考えたことや思ったことを表す（3・4年）
・相手とのつながりをつくる（5・6年）
・相手の行動を促す（中学2年）

ここに示されているのは、表現活動、伝達活動の中で機能する「言葉の働き」であり、何を表すのか、相手にどのようなことを期待するのかという点にしぼられた見解である。小学校では、言語そのものを取り上げて性質や機能を深く分析するような学習は求められていない。そのため、「言葉の働き」についても、表現活動に生かせる知識ということで、限定的に取り上げられているのだろう。ここに挙げられた「言葉の働き」を意識することで、適切な使い方を考えるだけでなく、言葉の有用感のようなものを明確に捉えさせることができるはずである。

話し言葉と書き言葉
　話し言葉については、1・2年で基礎的な技能として、音節、アクセント、姿勢、口形、発声、発音が示されている。
　これらは、1年の教科書で詳しく取り上げられている。そのため、低学年を担当したことがある指導者であれば、その内容は正しく理解されていることであろう。しかし、中学年以上の担任経験しかない場合はどうだろう。例えば、次の問いに答えられるだろうか。
　①「きって（切手）」「にんぎょ（人魚）」は、何音節か。
　②アクセントとイントネーションの違いは何か。
　③「い」と「え」を発音する時の口形の違いはどこか。
　④発声と発音はどう違うのか。
　また、3・4年では、実践的な技能として、視線や抑揚、強弱、間の取り方が取り上げられている。これらに関する次の問いには、どのように答えられるだろう。
　⑤「抑揚」とは具体的にどのようなことか。
　⑥どのような時に「強く」したり「弱く」したりするのか。
　⑦間の取り方には、どのような種類があるのか。
　いかがであろうか。①〜④については、おおよそのことは理解できていても、細かな点については自信がもてないのではないだろうか。また

⑤〜⑦についても、実際に話してみせながら感覚的に伝えることはできても、それを言葉で説明することは難しいのではないだろうか。
　だが、このような状況でも、実際の指導場面では、それほど困ることはない。子どもは、このようなことを知らなくても十分に話すことができているし、上に挙げたことを指導したからといって、子どもの話し方が劇的に変わるわけでもない。それが実際のところであろう。
　ここに、話し言葉の指導の問題点がある。一つは、学習指導要領が示している事項のうち、実際の話す活動の中で"生きて働く"知識・技能はどれなのか、精選がされていない点である。この辺りをどのように判別していくのかが、今後の課題であろう。
　もう一つの問題は、指導者の知識や技能が必ずしも十分でないということにある。無駄な知識と言われればそれまでだが、国語の基礎・基本を支える重要な事柄である。指導者の専門知識・技能の一つとして、身に付けておきたいものである。上に挙げた事項については、平成29年版の「解説」には、これまで以上に詳しい解説が書き込まれている。参考資料も併せて見ていくことで、基本的な知識を確認しておくことをお勧めする。
　書き言葉については、平仮名、片仮名、ローマ字の読み書きと、長音、拗音、促音、撥音などの表記に関する様々な決まりごとが示されている。ここに挙げられた書き言葉に関する知識・技能は、その内容や規則性が明確で、必ず習得しなければならないものである。また、身に付けておかないと、将来にわたって"困る"類のものである。したがって、子どもにとっては有用観があり、一定の努力をすればそれなりの達成感が得られるものである。このような点が、話し言葉と大きく異なるところであろう。

ワーク7

P104に示した①〜⑦の問いの中から一つを選んで、子どもに向けた説明を考えてみよう。説明に際しては、提示資料を作成したり、実演してみたりするなど、分かりやすくする工夫をしてみよう。

【ワーク解説】

まずは、「解説」の説明に目を通して、概略を把握することが必要であろう。その上で、ほかの参考資料に当たり、正確で詳しい知識を理解し、最後に教科書の該当部分を使って、子どもに対する説明の仕方を考えてみるという手順で進めていくことが望ましい。その際、詳細になり過ぎないように、必要なことを簡潔に説明することが重要である。

ショートコラム11　三つのローマ字

「しゃしん」をローマ字で書いてみよう。ほとんどの大人は「shashin」と綴るのではないだろうか。だが、小学校では「syasin」と綴るのが正しい。この違いは何なのだろう。

ローマ字の表記法には、ヘボン式と訓令式、日本式の三つがある。

ヘボン式は、アメリカ人のヘボン博士が明治初期に考案したものである。外国人が自分の耳で聞いた音にアルファベットを当てはめて表しているので、外国人にとっては発音しやすい表記であると言われている。

一方、訓令式は、五十音の並びを基本に組み立てている。江戸時代の蘭学者たちが日本語とローマ字でつづった「日本式」を後に修正したものである。平仮名や片仮名との対応が明解で、仕組みが分かりやすい。

この二つのローマ字を基に、政府は国語審議会の審議を経て昭和29年「ローマ字のつづり方」を告示した。これが現在の学校におけるローマ字教育の規準となっている。

「ローマ字のつづり方」には、第一表（いわゆる訓令式）と、第二表（いわゆるヘボン式と日本式）の二つが示されているが、基本的には訓令

> 式の第一表に従うこととされている。第二表は、事情によって使っても差し支えないという位置付けである。[*1]
>
> ということで、現在小学校で指導しているローマ字は、訓令式が基本であり、ヘボン式は"その他"的に扱われているというわけである。だが、現在一般社会で主流となっているのは、どちらであろうか。実生活でローマ字を使う場や目的、国際交流の現状といったことを考えると、いつまでも内閣告示にこだわっている場合ではないと思うのだが、いかがであろうか。

漢字

今回の改訂では、都道府県名に用いる漢字20字が新たに加えられた。これに伴い、32字の配当学年が変更されたが、全体としては、これまでとほとんど変わらない。

留意すべきことは、**読みと書きの習得目標の違い**である。学習指導要領には、「第1学年に配当されている漢字を読み、漸次書き、文や文章の中で使うこと」と示されている。つまり、学年に配当された漢字を読むことはその学年内でできるようにしなければならないが、書くことについては、次の学年末までにできるようになればいいということである。ただし、これは漢字の書きを軽視したものではない。「解説」では、この意図を「漢字の読みと書きについては、書きの方が習得に時間がかかるという実態を考慮し、書きの指導は2学年間という時間をかけて、確実に書き、使えるようにすること」(P18) と説明している。言葉を換えれば、読むことの指導は当該学年で終わるが、書くことは2学年間繰り返し指導する、ということになる。

このことは、平成20年版の学習指導要領ですでに改訂されていたのだが、学校現場には、ほとんど浸透していないように見受けられる。日常の漢字テストでは、その学年で学習した漢字が出題され、前学年の配当漢字が出題されることは少ない。公的なテストでは、読みはその学年

で、書きは前学年の配当漢字から出題されているはずだが、そのことを知っている指導者は、それほど多くはないはずである。

実は、学習指導要領では、ずっと以前から、読みを先行させる漢字学習の方法がとられていた。昭和52年版の学習指導要領ではすでに、3年について「学年別漢字配当表の第1学年から第3学年までに配当されている漢字のうち、410字ぐらいの漢字を読み、その大体を書くこと」とされている。すなわち、読みについては、当該学年までの漢字を含めて読めるようにすることが求められているのに対して、書きについては「大体を書くこと」とかなり緩やかであった。平成20年版では、読みを先行させる方針はそのままに、書きの習得目標を一年ずらした上で明確にしている。

学校現場では、漢字学習の負担が重すぎるということが、ずっと言われ続けてきた。この点からも、学習指導要領の方針については、賛否両論があろう。だが、少なくとも、漢字学習に関わる評価については、読みと書きの習得目標の違いを理解しておかなければ、学習指導要領に準拠した評価から外れてしまうことになる。また、その点は、留意すべきであろう。

漢字の学習については、書き順の必要性や字体の許容範囲の扱い、送り仮名の統一など、いくつか議論すべき問題が残されている。本書ではふれることはできないが、漢字指導に関わる基本的な知識として、各自で参考文書に当たるなどして押さえておくことが必要であろう。

語彙

語彙を豊かにする指導の改善・充実は、今回の改訂の要点として最初に挙げられた課題である。「解説」にもあるとおり、中央教育審議会答申の「小学校低学年の学力差の大きな背景に語彙の量と質の違いがある」という指摘を受けてのことである。

「解説」は、「語彙を豊かにする」ことについて、「語彙を量と質の両

面から充実させることである」とした上で、「具体的には、意味を理解している語句の数を増やすだけでなく、話や文章の中で使いこなせる語句を増やすとともに、語句と語句との関係、語句の構成や変化などへの理解を通して、語句の意味や使い方に対する認識を深め、語彙の質を高めることである」(P120)と述べている。

　ここではまず、"量"を増やすための視点として、**理解語彙**と、**使用語彙**の二つを挙げている。理解語彙は、「意味を理解している語句」であり、自分で使うことがなくても聞いたり読んだりして意味が分かる語句である。一方、使用語彙は、実際に日常生活や学習の中で「使いこなせる語句」である。学校現場では、語彙を豊かにするということを、知っている言葉の数を増やす、つまり理解語彙を増やすことであると理解されることが多かった。しかし、今回の改訂では、理解語彙だけでなく使用語彙を増やすことにも力点が置かれている。単なる知識として多くの言葉を"知っている"ということに加えて、生活や学習の中で言葉を発信、表現していく能力を支えるものとして、使用語彙を重視してのことであろう。

〈表19〉

学年	語彙の内容	「解説」の説明
1・2年	身近なことを表す語句	日常生活や学校生活で用いる言葉、周りの人について表す言葉、事物や体験したことを表す言葉
3・4年	様子や行動、気持ちや性格を表す語句	事柄や人物などの様子や特徴を表す語句、人物などの行動や気持ち、性格を表す語句
5・6年	思考に関わる語句	「しかし」のように情報と情報との関係を表す語句、「要するに」のように情報全体の中でその情報がどのような位置付けにあるのかを示唆する語句、「考える」、「だろう」のように文の中の述部などとして表れる思考そのものに関わる語句。 「〜は〜より…」、「〜は〜に比べて…」のように複数の情報を比べる場合や、「〜が〜すると…」、「〜になった原因を考えてみると…」のように原因と結果の関係について述べる場合の言い方なども含まれる。

具体的に**身に付けるべき語彙**として、「解説」は、各学年の「内容」の節で、次のように示している。

　身に付けさせる語彙について、単にその数だけに目を向けるのではなく、どのような語句を、どの時期に身に付けさせるのか、明確に捉えた上で、計画的に指導することが必要である。

次に、語彙の"質"の問題として、「**語句と語句との関係**」「**語句の構成や変化など**」への理解を挙げている。語彙とは、本来、一つ一つの語句を指すのではなく、なんらかの観点に拠ってまとめられた語句の集まりのことを指す。例えば、〈表19〉では、意味や性質を観点にかなり大きく括った"語句のまとまり"としてまとめられている。

「語句のまとまりや関係、構成や変化について理解する」とは、その語彙がどのような観点でまとめられているのかに目を向け、その特徴や使い方によって類別して捉えるということである。「解説」では、次の

〈表20〉

学年	観点	「解説」の説明（要約・下線は筆者）
1・2年	意味によるまとまり	ある語句を中心として、同義語や類義語、対義語など、その語句と様々な意味関係にある語句。動物や果物の名前を表す語句、色や形を表す語句などは、相互に関係のある語句として一つのまとまりを構成している。
3・4年	性質や役割によるまとまり	性質による語句のまとまり：物の名前を表す語句や、動きを表す語句、様子を表す語句など。 役割による語句のまとまり：文の主語になる語句、述語になる語句、修飾する語句など。
5・6年	語句の構成や変化	語句と語句との関係：類義語や対義語、上位語・下位語。話や文章の中で、結び付きの強い語句同士が相互に関連し合い、文章の種類や内容を特徴付けている場合があることに気付くこと。 語句の構成：お米の「お」のような接頭語、お父さんの「さん」のような接尾語のほかに、複合語、略語、慣用語など。 語句の変化：「花+畑」で「ハナバタケ」というような音の変化、「帰る+道」で「帰り道」というような語形の変化など。

ように示されている。

　これら語彙に関する知識を理解することは、言葉の使い方に意識的に目を向ける視点となり、語感を高めていくことになる。5・6年では、「語感や言葉の使い方に対する感覚を意識して、語や語句を使うこと」が付け加えられているが、5・6年の語彙に限らず、どの学年でも目指すべきところであろう。

> **ワーク8**
> 　上に示した〈表19、20〉に具体的な例を付け加えてみよう。各行の右に1列加えて、具体的な言葉を二、三例記入して表を作成し、気付いたことなどを述べてみよう。
>
> 【ワーク解説】
> 　作成に当たっては、各学年の教科書を参考にすることで、おおよその見当を付けることができる。また、小学生用の学習国語字典や類語字典なども参考になる。

文や文章

　「解説」では、「文、話、文章の構成に関する事項」を「主語と述語、修飾と被修飾との関係などに加えて、語順などの特徴についても理解すること、指示する語句や接続する語句の役割についての理解を基盤に、文と文との関係、話や文章の構成や展開などについて理解すること」

〈表21〉

学年	内容	説明や例
1・2年	主語と述語との関係	主語と述語の適切な係り受けの重要さに気付く
3・4年	主語と述語との関係	主語と述語の照応の理解を深める
	修飾と被修飾との関係	修飾語がどこに係るのか考える
	指示する語句	物事を指し示す役割をもつ語句 例：こ・そ・あ・ど言葉、「このようなことから」

	接続する語句	前後の文節や文などをつなぐ働きをもつ語句 例：つなぎ言葉、「なぜかというと」
	段落の役割	形式段落…改行によって示されるいくつかの文のまとまり 意味段落…形式段落のいくつかが意味のつながりの上でひとまとまりになったもの
5・6年	語句の係り方	文の書き出しと文末表現の関係 文の構成…単文・重文・複文
	語順	日本語の語順の特徴…述語が文末に位置する・文の成分の順序が比較的柔軟
	文と文との接続	前の文と後の文とのつながり 接続する語句の適切な選択
	話や文章の構成や展開	話や文章の組立てや説明などにおける論の進め方
	話や文章の種類と特徴	話や文章の種類とその特徴…紹介・提案・推薦・案内・解説・物語

（P19、下線筆者）と説明している。

　こうしてみると、「文や文章」として示された内容は、語と語の関係から始まり、文と文のつながりに進み、話や文章そのものの構成や特徴にまで及んでいる。明確な体系は示されてはいないが、言葉の使い方の決まりや役割、特質に関して、かなり広範囲で深い内容が提示されている。

　ここで着目すべきことは、下線部のとおり、「構成」や「関係」、「役割」が内容の中心となっていることである。すなわち、主語や修飾語といった文法的な用語を理解し覚えることではなく、文や文章の構成を捉えることがここでの目的であり、その着眼点として主語と述語、修飾と被修飾などが取り上げられているということである。そして、そのような学習の中で気付いた言葉のきまりや仕組みなどを、話したり書いたりする活動の中で実際に適切に使っていけるようにすることが最終的な目的であると言えよう。

表現の技法

　小学校では５・６年だけに示されている修辞法に関する内容である。具体的には、「比喩や反復などの表現の工夫に気付くこと」と示されている。

　比喩とは、あるものを別のものに"たとえて"表現する方法である。この"たとえ"方の分類には、直喩、隠喩、暗喩、換喩、提喩、諷喩など、諸説があり、実に様々な種類があるようだが、小学校では、直喩と隠喩の２種類が「解説」に示されている。

　直喩とは、二つの事物の類似点を明確に示す方法で、「〜は、まるで〜のようだ」、「〇〇のような▲▲」のように使われる。これなどは、低学年の子どもが好んで口にする言葉であり、その点で低学年から学習の中に入り込んでいる表現方法であると言える。ただし、「言葉の使い方や特徴」の学習として、表現方法として対象化し「気付くこと」は、５・６年段階の学習内容であるということになる。

　隠喩は、「私のヒーローが現れた」、「氷の刃」など、「〜のような」などの言葉を省略した比喩である。こちらは、低学年の子どもには通じにくいが、高学年になると"ピンとくる"表現と言えるだろう。

　反復とは、同じ言葉もしくは類似した表現を繰り返す方法である。例えば「雨、雨、雨、雨。もううんざりだ」や「待って。少し、ほんの少し、わずかな時間でいいから」というような表現で、伝えたい事柄の中心を明確にする方法である。反復は、短い文章の中で繰り返すことのほか、一つの物語や説明文の中で、随所に同じ、あるいは類似した言葉を意図的に置く場合もある。

　「解説」には、比喩と反復のほかに、倒置、体言止めが表現の技法として挙げられている。いずれの場合も、その存在に気付いて、表現の効果を実感的に捉えられるようにすることが重要である。ちなみに、中学校では１年で「比喩、反復、倒置、体言止めなどの表現の技法を理解し使うこと」と示されている。中学校では、意図的な工夫として実際に使

えるようにすることが目標となっている。

言葉遣い（敬語）

　1・2年では、相手を意識した言葉遣いとして、「丁寧な言葉と普通の言葉」、3・4年で「敬体と常体」について、話すこと、書くことの中で学んでいく。その発展として、5・6年で本格的に「敬語」の学習を行う。

　敬語とは、「話し手（または書き手）と聞き手（または読み手）と表現対象（話題の人自身またはその人に関する物・行為など）との間の地位・勢力・尊卑・親疎などの関係について、話し手（または書き手）がもっている判断を特に示す言語表現[*2]」である。「地位・勢力・尊卑・親疎などの関係」を表すということから、"目上の人に対する改まった堅苦しい言葉"という印象が強いかもしれない。

　平成19年に答申された「敬語の指針[*3]」では、敬語の重要性について次のように述べている（下線は筆者による）。

　敬語は、古代から現代に至る日本語の歴史の中で、一貫して重要な役割を担い続けている。その役割とは、人が言葉を用いて自らの意思や感情を人に伝える際に、単にその内容を表現するのではなく、相手や周囲の人と、自らとの人間関係・社会関係についての気持ちの在り方を表現するというものである。気持ちの在り方とは、例えば、立場や役割の違い、年齢や経験の違いなどに基づく「敬い」や「へりくだり」などの気持ちである。同時に、敬語は、言葉を用いるその場の状況についての人の気持ちを表現する言語表現としても、重要な役割を担っている。例えば、公的な場での改まった気持ちと、私的な場でのくつろいだ気持ちとを人は区別する。敬語はそうした気持ちを表現する役割も担う。

すなわち、敬語は、話し手が、相手と自分との人間関係や社会関係、場の状況などをどのように捉えているか、認識や価値観を表す言葉の使い方であり、それを意図的に相手に伝える手段でもある、ということだ。
　敬語は、一般的には、尊敬語、謙譲語、丁寧語の三つに分類される。
　尊敬語は、相手の行為や所有物、状態などを"敬って"述べるものである。「いらっしゃる」「召し上がる」など敬意を表す独自の形をもつ語と、「お言葉」「お忙しい」など「お」や「御」をつけて表すものがある(「敬語の指針」では、上下関係を表すような言葉を避けるため、「立てる」を使っている。「立てる」とは、「その人物を言葉の上で高く位置付けて述べること」である)。
　謙譲語は、自分の行為などに対して、低く位置付けた表現をすることで、相対的に相手の位置を高める敬語法である。「参る」「申す」「いたす」「おる」「拙著」「小社」や「伺う」「申し上げる」「お目に掛かる」などの言葉がこれに当たる(「敬語の指針」では、謙譲語Ⅰと謙譲語Ⅱに分けているが、二つを合わせて謙譲語とする)。
　また、自分の行為だが、その行為が向かう先の相手を高めるために、「お」や「御」を付けて述べる謙譲表現もある。「先生に手紙を届ける」を「先生にお手紙をお届けする」という例である。
　丁寧語は、相手に対する丁寧な言葉遣いである。「です」「ます」「ございます」などがこれに当たる。また、「お酒」、「お料理」など、事物を"上品に"述べる言葉遣いも丁寧語である(「敬語の指針」では、これを「美化語」としている)。これらの丁寧語は、単に丁寧な言葉遣いをしているだけのようにも思えるが、相手の存在によって意図的に言葉遣いを改めるものであり、相手への敬意を表す敬語表現であると考えられる。
　敬語については、種類や仕組みそのものを、言葉に関わる一つの知識として学んでいくことが必要であろう。その際には、敬語が、人と人と

がお互いに大切にし合う関係の中で交わされるコミュニケーションにほかならないことをしっかりと押さえておきたい。

　また、敬語は、知識として身に付けるだけでなく、"使い慣れる"ことが重要である。そのためには、日常の学校生活の中で、改まった雰囲気の場で話したり、敬意を向けるべき相手に話したり、書いたりする活動を数多く経験していくことが必要であろう。その積み重ねによって、自然に敬語が使えるようになり、話し手・書き手の人柄として敬語が定着していくことになるはずである。

　　尊敬語、謙譲語、丁寧語から一つを選んで、子どもに説明する教材資料を作成してみよう。作成した資料をグループなどで交流し、相互批正をした上で修正を加えて完成させよう。また、教材資料を使用する際の留意点もまとめてみよう。

【ワーク解説】

　まず、教科書を参考にして、およその構想を立てることが必要である。その際、子どもの生活の中から敬語を使う場面を想定し、具体的な例を設定することが重要である。また、敬語の仕組みを筋道立てて説明するために、説明の言葉をシナリオとして具体的に作成することが必要である。さらに、学習場面を想定して、作成した資料をどのように活用するか、具体的に想定することで、修正点が見えてくるであろう。

音読、朗読

　学習指導要領では、文や文章を声に出して読むことを音読と朗読という二つの用語で示している。書かれた文字を音声化するという点では、どちらも変わりはないのだが、読み手にもたらす働きや効果の上で異な

るものとされている。

　音読とは、文や文章の内容を理解するための行為である。幼い子どもが文字を声に出して読む時、最初は、「く・ま・さ・ん・が・め・を・あ・け・ま・し・た」のように一文字一文字を拾い読みしていく。それが、やがて、「くまさんが・めを・あけ・ました」というように単語や文節をひとまとめにして読めるようになっていく。この時、「く・ま・さ・ん」と声に出して読んだ子どもは、自分の声を自分で聞いて、「くまさん」であることに気が付いて、読みを修正する。すでに話し言葉を不自由なく使えるようになっている子どもにとっては、"書き言葉"を声に出して"話し言葉"に変換することが理解の助けとなるのである。

　学年が進んで、漢字が混じった文を読む時にも同じことが起こる。「イルカは海の生物です」を「いるかはうみのなまものです」と声に出して読んだ子どもは、自分の読み声を聞いて「イルカ」を「なまもの」とすることに違和感を覚える。黙読では、「生物」という漢字からおよその意味だけをとって読み進めていたところを、音声化することで前後の文脈に乗せて理解することができるのである。

　さらに学年が進んで、長い物語や説明文を読む時でも、人物の言動に込められた感情や、説明されている事柄の軽重など、声に出して読むことで気が付いたり、理解が深まったりすることは数多い。

　一方、**朗読**は、聞き手に向けて、意図や表現技法を明確に意識しながら読んで聞かせる表現行為である。朗読が表現行為として成立するためには、まず文章の内容を正しく理解し、その上で、何をどのように伝えるのかを構想しなければならない。書かれている言葉は変えないが、どこを際立たせ、どこを押さえて読むかなど、いわば、文章の意味を自分なりに再構築することが求められる。さらに、それを表現し相手に伝えるためには、どのような技法で音声化するかを選択し、実行しなければならない。こうしてみると、朗読は、かなり高度な言語活動と言える。

　学習指導要領では、音読は全学年に、朗読は５・６年の指導事項に位

置付けられている。つまり、小学校においては、4年生までは、理解の手だてとして音読を行い、表現活動としての朗読は、5年生以降に行うということである。

　これは様々な研究成果を踏まえて、主に子どもの発達段階を考慮した上での系統であろう。ただし、声に出して読むということは、当然、聞き手を想定することになる。また、内容に沿って読むことも当然のことである。したがって、低学年の学習でも「くまさんの気持ちを考えながら読みましょう」や「場面の様子が伝わるように工夫して読もう」という学習もあって当然のことである。子どもにとっては、音読と朗読の境界はあいまいであり、明確に区別することも必要のないことである。重要なことは、指導者側の学習指導のねらいである。なんのために音読や朗読をさせるのか、また、どこを評価するのかについて、音読と朗読の特質を理解した上で指導することが必要なのである。

黙読
　文章を読む方法としてさらに重要で一般的な読み方として、黙読がある。文字通り声に出さないで黙って読む読書の方法である。ところが、学習指導要領には、黙読は示されていない。そのため、学校現場では、黙読の指導ということがほとんど行われていないのが現状ではないだろうか。

　音読が黙読に移行していくのは、およそ、小学校の4年生辺りだと言われる[*4]。そうであれば、4年生から、声に出さないで読む方法を具体的に教え、練習させ、5年生になれば自力で黙読ができるように指導を重ねていくべきであろう。例えば、読む声を少しずつ小さくしていく、声を出さずに唇の動きだけで読むなど、すでに実践されている例もある。大事なことは、音読と朗読、そして黙読という三つの読み方を、学年に合わせて、それぞれの特性を生かしながら取り入れて指導していくことである。

ショートコラム12　音読・黙読・朗読の歴史

　昭和22年の「試案」では、「第三節　読みかた」の「一　読みかた指導の一般的目標」の（十二）に「音読あるいは黙読によって、読む習慣や、その能力および態度をしだいに完全なものにする」とある。学習指導要領のスタート地点では、文章の"読み方"として、音読と黙読が示され、朗読という言葉は出てきていない。

　昭和33年版では、第1学年に「ア　音読ができること」「イ　声を出さないで目で読むこと」、第4学年で「ア　黙読に慣れること」が示されている。この時点では、黙読は1年生から行われていて、4年生で"慣れること"すなわち一定の完成が求められている。また、朗読という言葉は出てこないが、第5学年の「他人に伝えるために、声を出して読むこと」がこれに当たると考えられる。

　昭和43年版でも、ほぼ同じ位置付けで第1学年から黙読の学習を始めていたようである。一方、第5学年、第6学年で「朗読」という言葉が使われるようになる。

　昭和52年版では、国語科の内容構成が、〔言語事項〕、A表現、B理解と、いわゆる能力主義に切り替えられる。ここでは、音読は、第1学年から第4学年までは、「B理解」の中に位置付けられている。第1学年では「ア　はっきりした発音で音読すること」と示され、黙読という言葉は消えている。また、朗読は、第5学年からは「A表現」に位置付けられ、第6学年で「ケ　聞き手にも内容がよく味わえるように朗読すること」と、表現活動としての位置付けがより鮮明に打ち出されている。

　この傾向は、平成元年版でも継承されているが、第4学年で「ウ　事柄の意味、場面の様子、人物の気持ちの変化などが、聞き手にもよく伝わるように音読すること」と、音読と朗読の区別が、やや不明瞭になってきている。そして、ここでも「黙読」に関する内容は、見当たらない。

　平成10年版では、内容の構成を「〜こと」で括る"言語活動主義"に戻される。その中で、音読、朗読は、「声に出して読むこと」という言葉に置き換えられる。内容から見た系統性は、平成元年版と変わらないのだが、音読、朗読という言葉が消えたために、この指導事項の内容や

> 目標がますます分かりにくくなってしまった。そして、平成20年版では、各学年の内容や系統性は、大きく変わらないまま「音読」「朗読」という言葉が復活し、これが平成29年版に継承されている。
> 　以上、学習指導要領における黙読、音読、朗読の扱われ方について、昭和22年版から見てきた。その流れの中では、黙読を基盤とした指導から、全体に音読を重視する指導へと転換されてきたことが見て取れる。また、併せて第4学年"辺り"で、音読から朗読へ、読むことの質的な転換が図られていることは、ずいぶん以前から定着しているように見える。このような流れは、概ね妥当なところであろうが、黙読の扱いについては、今後の課題と言えるだろう。

<参考文献>

山田敏広『国語教師が知っておきたい日本語音声・音声言語　改訂版』くろしお出版、2007年

長野正『日本語表現法』玉川大学出版部、1994年

原田種成『漢字の常識』三省堂、1995年

文化庁『言葉に関する問答集　総集編』全国官報販売協同組合、1995年

文化審議会答申「敬語の指針」平成19年2月2日

(2) 情報の扱い方に関する事項

　情報の"扱い方"とは、ある媒体に含まれる情報を取り出して、活用可能なように加工、再構成していくプロセスであると考えることができる。

〈情報活用のプロセス〉

①必要な情報を取り出す。
②その情報を取扱可能な形に加工する。
③加工された情報を関連付けて分類、整理する。
④分類、整理の結果を論理的に説明する。

> ⑤必要な情報を取り込んで、自分の考えとして再構成して表現する。

　国語科で対象とする媒体は、言語表現である。言語表現には、物語や説明文などのひとまとまりの文章だけでなく、新聞記事、図や写真を含んだレポートや、パンフレットなどの断片的な文字情報、音声言語として交わされる談話やひとまとまりの話などが含まれる。

　実際の国語科の学習場面では、情報の扱い方だけに焦点をしぼって行われることは少ない。物語や説明文を読んだり、調査したことをレポートにまとめたりするなど、様々な言語活動の一過程として行われることが多く、かつ効果的である。

　ただし、情報の扱い方というと、調べたことやグラフのデータを使ってレポートを書くことなどを思い浮かべることだろうが、書かれている内容を"情報"として扱うことで、物語を読む学習の中でも、"情報の扱い方"を取り入れた学習活動を展開することができる。

情報と情報との関係

　学習指導要領では、情報を理解することに重点を置いた内容を「情報と情報との関係」で示し、情報を取り出して活用することに重点を置いた内容を「情報の整理」と区別して示そうとしている。

　情報と情報との関係については、次頁〈表22〉の内容を挙げている。

　ここに挙げられているのは、情報を論理的に関係付けて理解していくためには、どこに目を付ければいいのかという観点であり、論理的な思考方法の一つである。

情報の整理

　ここでは、情報を取り出したり活用したりする際の、整理の仕方とそ

〈表22〉

学年	関係	解説
1・2年	共通	事柄同士の中から同じ点を見いだしたり、そのことによって共通であることを認識したりすること
	相違	事柄同士の様子や特徴などについて違う点を見いだしたり、そのことによって相違していることを認識したりすること
	事柄の順序	複数の事柄などが一定の観点に基づいて順序付けられていることを認識すること。時間、作業手順、重要度、優先度などの観点に基づいた順序
3・4年	理由	なぜそのような考えをもつのかを説明するもの
	事例	考えをより具体的に説明するために挙げられた事柄や内容のこと
	中心	話や文章の中心的な部分のこと
5・6年	原因と結果	原因とは、ある物事や状態を引き起こすもとになるものを指し、結果とは、ある原因によってもたらされた事柄や状態を指す。

の具体的な手段が示されている。

　3・4年では、情報を整理する方法として比較や分類を取り上げている。また、その際に必要となる「必要な語句を書き留める」方法が示されている。さらに、引用の仕方、出典の示し方など情報を取り込んで記述する方法に加え、辞書や辞典の使い方など、本格的な情報検索の基本とも言える内容も取り上げられている。この学年での指導事項は、多岐にわたり、知的活動の基盤となる重要な内容が位置付けられていると言えよう。

　一方5・6年では、「情報と情報との関係付けの仕方」として「例えば、複雑な事柄などを分解して捉えたり、多様な内容や別々の要素などをまとめたり、類似する点を基にして他のことを類推したり、一定のきまりを基に順序立てて系統化したりすることなどが挙げられる」(P125)と説明している。中学年とくらべて、一段高いレベルの思考法が求められている。また、情報を活用した表し方についても、「図などによる語

句と語句との関係の表し方」として、図示や記号を使った記述方法が取り上げられている。

　情報を活用した学習活動として見れば、国語科に示された内容は、かなり焦点化され、しぼり込まれている印象を受ける。国語科としては、ひとまずこれだけのことが指導できれば十分であるが、子どもは実際には、ここに示された以外の様々な論理的思考法で情報を処理しているはずである。

　例えば、「総合的な学習の時間」の「解説」では、次のような思考法を挙げている。

- ・順序付ける　　・比較する　　・分類する　　・関連付ける
- ・多面的・多角的に見る　　・理由付ける　　・見通す
- ・具体化する　　・抽象化する　　・構造化する

　また、これらの思考法を支援するツールとして、ベン図・ウェブマッピング・マンダラチャートなど、様々なものを紹介している。「総合的な学習の時間」では、広い範囲の多様な情報を探究的な学習活動として展開している。文字言語を扱う国語科としても、学習活動を構想する上で、取り入れていきたい知見の一つである。

ワーク10

　〈情報活用のプロセス〉に当てはめて、学習活動を構想してみよう。「話すこと・聞くこと」か「書くこと」のいずれかを選んで、学習過程表を作成し、解説を添えてみよう。

【ワーク解説】

　作成に当たっては、小学校の教科書を参考にして、そこに示された学習活動を五つのプロセスに当てはめてみるのもよいだろう。その際、必要な学習活動を加えたり、不要なものを削ったりすることで、情報活用として捉えた場合の課題が見えてくるはずである。

(3) 我が国の言語文化に関する事項

「言語文化」には、その特質や形のとり方の異なる三つの"相"がある。「文化としての言語」、「言語生活」、「言語芸術や芸能」である。

「文化としての言語」とは、「解説」では「我が国の歴史の中で創造され、継承されてきた文化的な価値をもつ言語そのもの」(P25) とされる。

今現在、我々が使っている日本語という言語は、一朝一夕にできあがったものではない。日本という国の長い歴史の中で、多くの人の手によって改変を重ねて洗練されてきたものである。そう考えると、今目の前にある言葉そのものが、伝統的な文化の一つであると言える。

また、言語には、それを使う人々の生活の在り様や、ものの捉え方、感性などが色濃く反映される。言葉はその国の文化を凝縮した一つの姿であるとも言える。日本語には、日本語独自の言葉や表現があり、それも日本らしい、日本の文化の一つであると言うことができる。

「言語生活」とは、言語を「実際の生活で使用することによって形成されてきた文化的な言語生活」(P25) である。言語生活と言えば、日常の実用的な言葉のやりとりのことを指すようだが、ここではそれに「文化的な」という条件を被せている。言葉そのものを楽しもうとする姿勢や内容の"文化性"が求められているのである。分かりやすい例としては、童歌や子どもの遊びの中の囃子言葉、数え歌などがこれに当たる。また、昔話を語ったり、読み聞かせを聞いたりすることも「文化的な言語生活」の一つであろう。言葉そのものを楽しむ、あるいは、実用のやりとりの中に言葉の豊かさを織り込む、そのような言語生活が"文化的"と呼べるのだろう。

「言語芸術や芸能」は、言語を使って「古代から現代までの各時代にわたって、表現し、受容されてきた多様な」(P25) 芸術や芸能である。国語科では、文字で残された古典作品が主な教材となるが、声に出して

読むことで得られる言葉の響きやリズムそのものも言語芸術の一部であると言える。また、広い意味では、狂言などの伝統芸能や、落語などの口承文芸も学習対象とすることは可能であるし、望まれるところでもある。

　このように「言語文化」は、視点の当て方によって異なる"相"が見えてくるわけだが、それらは明確な境界で区別されるものではない。例えば、ことわざや慣用句などは、それ自体は「文化としての言語」と言えるが、日常生活の中で意図的に使って楽しむ場合は、「文化的な言語生活」の一つだと言える。また、語り伝えられた昔話を読み聞かせることは、言語生活の一つだが、文字化された昔話は、伝統的な言語芸術の一つと見ることもできる。いずれにしても、言語そのもの、言語を使う生活、言語によってつくり出された芸術などを広く括って、我が国の言語文化として捉え、国語教育の場に組み入れていくことが求められているのである。

　学習指導要領は、「我が国の言語文化に関する事項」を「伝統的な言語文化」「言葉の由来や変化」「書写」「読書」の四つのカテゴリーで示している。それぞれの中に、様々な指導事項や言語活動が示されているが、そのどれもが文化、言語生活、芸術・芸能という三つの側面から見た特質を備えている。そのような捉え方をすることで、言語文化に関する学習を、子どもの知的な関心と感性を揺さぶる言葉の学習にしていくことができる。

伝統的な言語文化

　一般の大人にとっても、古典は、難しいもの、堅苦しいもの、高尚なものという印象が強い。このような"敷居の高さ"が、古典教育の大きな課題となっている。

　「解説」は、伝統的な言語文化のねらいを「我が国の言語文化に<u>触れ、親しんだり、楽しんだり</u>する」（下線筆者）こととしている。まず

はふれて、親しんで、楽しむ。そこにねらいの重点が置かれていることを十分留意すべきであろう。「解説」では、続けて「その豊かさに気付き、理解を深める」ことが示されている。ここでの「理解を深める」についても、前の文脈に乗せて、「その豊かさ」についての理解を深めると捉えるべきであろう。語彙の解説や、内容の解釈、古典文法の先取り的な学習に終始し、小学校段階で"古典嫌い"をつくってしまわないように、子どもたちを豊かな「伝統的な言語文化」の世界へ誘っていくことが求められている。

　この事項では、「**言葉の響きやリズムに親しむ**」系統として、昔話や神話・伝承、易しい文語調の短歌や俳句、親しみやすい古文や漢文、近代以降の文語調の文章が示されている。

　1・2年の小学校の教科書教材となる"**昔話**"とは、市井の人々が昔から口承で伝えてきた民話を基にして、現代の子どもに分かりやすい言葉で語り直したものである。教科書会社の編集による文章と、作家によって作品化された文章がある。いずれにしても、「むかし、むかし、あるところに」という語り出しと、「これでおしまい。とっぴんぱらり」といった結びなどの語り口が定式化されている点が共通する特徴の一つである。また、人物像やストーリー展開が単純で分かりやすく、自由奔放な空想的内容が大きな魅力である。学習指導要領に「読み聞かせを聞くなどして」「親しむ」ことと示されているとおり、1・2年の学習では、教科書教材だけでなく、様々な絵本の読み聞かせや指導者による語りによって、数多くの昔話にふれさせて、伝統的な言語文化独特の音調やリズム、世界観に浸らせることに重点を置きたい。

　一方、**神話・伝承**とは、「解説」によれば、「一般的には特定の人や場所、自然、出来事などに結び付けられ、伝説的に語られている物語」（P53）のことを指す。教材としては「古事記、日本書紀、風土記などに描かれたものや、地域に伝わる伝説など」が考えられるとしている。だが、神話・伝承については、教科書でも十分な教材開発がなされてお

らず、実践事例も極めて少ない。私見ではあるが、イギリスやフランスなど海外のファンタジー作品の多くが、自国の神話や伝承に根差して豊饒な空想世界をつくり上げることに成功していることから考えると、我が国でも、神話や伝承にもっと目を向けた教材開発や授業実践が望まれるところであろう。

　3・4年では、「易しい文語調の短歌や俳句」が取り上げられている。一般的には、明治以降の近代文学作品を短歌、俳句と呼び、それ以前の古典文学では、和歌、俳諧と呼び分けている。学習指導要領では、「易しい文語調の」という条件が付されているので、厳密に言うと、明治以降の文語調で書かれた短歌・俳句ということになり、口語で書かれた短歌・俳句と、百人一首などの古典作品は含まれないことになる。形式ばった議論のようだが、伝統的な言語文化という視点からは、重要な問題である。すなわち、3・4年での短歌・俳句の学習は、伝統的な言語文化である短歌・俳句の言葉の響きやリズムに親しむことをねらいとして、音読や暗唱を中心に行われるべきものであって、短歌や俳句そのものの理解や創作を扱うものではないということである。また、古典の和歌・俳諧は、伝統的な響きやリズムを含んではいるが、3・4年ではまだ難しいということであろう。

　5・6年では、「親しみやすい古文や漢文」と「近代以降の文語調の文章」が取り上げられている。「親しみやすい」とは、「児童が、言葉のリズムを実感しながら読めるもの、音読することによって内容の大体を知ることができる」（P127）範囲のものを指している。教科書には、古典では、「枕草子」、「徒然草」、「竹取物語」などが、また漢文では、漢詩や「論語」などが取り上げられている。

　学習のねらいとしては、5・6年においても、言葉の響きやリズムに親しむことに重点が置かれている。ただし、内容の理解を抜きにして、音読だけを楽しむことはできないので、現代語訳を添えることや指導者による解説が必要なことは言うまでもないことであろう。

次に「**言葉の豊かさに気付く**」系統として、言葉遊び、ことわざ、慣用句、故事成語、古典作品（の解説や、現代語訳による内容理解）が示されている。これは、「言葉そのものがもつ豊かさに気付くことを重視して」新設された指導事項である。

　1・2年では、**言葉遊び**が取り上げられている。いろはうた、かぞえうた、しりとり、なぞなぞ、回文や折句、早口言葉、かるたなど、具体例は数多い。これらを"楽しむ"ためには、とりあえずやってみて、経験を重ねることが大切である。それぞれの仕組みや、ルールなどを理解させることも必要なのだが、それも実際に"遊ぶ"ことを通して理解し、使いこなせるようにしていくことが肝要である。

　3・4年では、**ことわざ、慣用句、故事成語**が取り上げられている。この三つは、混同して理解されていることが多い。特に子どもにとっては、言葉そのものが難しかったり、自分たちの日常生活とは離れた大人の生活感覚に根差したものが多かったりという共通点のために、どれも同じように見えてしまうようである。だが、言葉の豊かさという点では、ただ単に暗記するだけでなく、成り立ちや仕組みに関心がもてるようにすることが必要である。そのためにも、この三つの違いを的確に捉えた上で学習を組み立てることが必要である。

　5・6年では、**古典について解説した文章**が取り上げられている。これは古典作品の内容の解釈ではなく、古典作品の周辺にある知識や情報が提供されている文章である。具体的には、昔の人々の生活や文化の具体的な姿や、人々のものの見方や考え方など、古典の世界を想像するために必要な事柄が分かりやすく書かれた文章や資料である。

　また、内容の大体を理解するためには、子ども向けに現代語で易しく書き換えられた文章を取り上げることも必要である。古文を読み解くことよりも、まずは、古典に描かれた世界に興味がもてるようにすることが、小学校段階で重点を置きたいところである。

> **ワーク11**
>
> ことわざ、慣用句、故事成語の違いを簡潔に説明した教材資料を作成してみよう。作成した資料を授業の中でどのように使うかについても、簡単な授業の流れを想定してみよう。
>
> 【ワーク解説】
>
> この三つの違いについて、「解説」で簡潔に述べている。そのほか、小学校の教科書や中学校の教科書も参考になる。教材資料の作成に当たっては、文字だけでなく、記号やイラストも使用し、仕組みや成り立ちを分かりやすく示すことが必要であろう。

言葉の由来や変化

　平成20年版の学習指導要領で、「言葉の特徴やきまりに関する事項」「文字に関する事項」に含まれていた内容の一部を、「言葉の由来や変化」として再編したものである。前述のように、今回の改訂の重点である「語彙指導の改善・充実」の一環と見ていいだろう。

　3・4年では、文字の由来として**漢字の部首**が取り上げられている。例示として「へんやつくり」が示されているが、当然、かんむり、あし、たれ、かまえ、にょう、などの部首が含まれる。これらの部首を学ぶ際には、基になった象形文字や絵図などから、どのように変形、変遷し漢字の部首となったのか、具体的に知ることが有効である。このことが5・6年で漢字の由来を学ぶ基礎的な部分となる。

　次に、漢字を構成の面から捉えることが重要である。漢字は、基本的には二つの部分から構成されている。5・6年では、各部分が漢字の音、意味、形を形成する上で、それぞれどのような役割を果たしているのか、漢字の由来、特質を学ぶことになる。3・4年では、漢字を構成する"部分"に目を向けて捉えることに重点が置かれている。

　漢字の構成を知ることは、従来、漢字を効率的に暗記するための手だ

てとして活用されてきたが、学習のねらいは別のところにある。部首の学習は、漢字という文字の由来を知ることであり、そこに含まれた言語文化としての豊かさに気付き、漢字そのものに関心を向けることにほかならない。まとまった形での学習は5・6年で行われるが、中学年でも無理のない形で、部首の意味や成り立ちに目を向けさせていくことが必要であろう。

　5・6年では、漢字・仮名の由来のほかに、語句の由来、時間の経過による言葉の変化、世代による言葉の変化、共通語と方言との違いが取り上げられている。

　語句の由来とは、つまり語源のことである。語源については、基になった言葉や事例を知ることと、そこからどのような変遷を経て現在に至っているのか、現在に伝わる中での誤謬や変質も含めて学習することが必要である。また、語源を学習することは、和語、漢語、外来語の違いを知ることにもつながる。

　時間の経過による言葉の変化は、「解説」では、古典の学習と関連させて展開することとしている。抽象的な学習にならないよう、古典の中の具体的な言葉を取り上げて、現在との相違に気付き、そこから言葉の変化に対して関心をもつようにすることが、ねらいの中心であると見るべきであろう。

　世代による言葉の違いとは、年配者と若者の間の言葉遣いの差異を取り上げたものである。この事項については、"若者言葉の乱れ"という単純な視点で扱わないことが肝要である。世代による言葉の違いは、まず、言葉そのものの違いや使い方に現れるが、本質的な問題はそこにはない。言葉を習得してきた時代の違いや、生活の違いからくる言葉の相違の必然性などに目を向けることで、世代間の理解を進めることが必要である。その上で、言葉や言葉遣いに対する認識や態度について、年配者に学びつつも、相互にすり合わせていくような学習活動が期待される。

を挙げてのプロジェクトなのである。

　読書はかつて、子どもにとって遊びの一部であった。読書は勉強や仕事の空いた時間に娯楽としてすべきものであって、「余暇読書」と呼ばれる時代が長く続いた。読書のほかに娯楽の少ない時代には、子どもは、大人からの働きかけがなくても自発的に読書に向かっていた。読書は、指導や推進を図るものではなかったのである。

　このような感覚は、今でも色濃く残っている。それは、読書は本来自由なものであって、強制することでかえって読書嫌いをつくることになる、という考え方である。そのため、読書指導といっても、学級で本を紹介したり、学校図書館へ連れて行ったりといった、"子どもと本を出合わせる"ことにとどまる間接的な指導に終わっている場合が多い。

　子どもたちの"読書離れ"の現状を見るならば、さらに直接的で有効な読書指導が必要になっているのは、自明のことであろう。例えば、国語の学習として読むべき本を課題図書として設定し一定期間に読むことを課題とすることや、自力で本を読む"読み方"を教え、身に付けさせる国語の授業を行うことなどが考えられる。

　現在、図書館教育の分野では、活発な実践研究と開発が行われている。また、指導者以外にも、学校図書館を補助する職員の配置も進んできている。保護者や地域の図書館ボランティアの活動も活発である。そんな中にあって、学級担任の日常の指導としてだけでなく、国語科として読書の授業をどのように実施していくか、本格的に取り組んでいくことが求められるところである。

　平成29年版の学習指導要領では、「読書」が「読むこと」領域から〔知識及び技能〕の「我が国の言語文化に関する事項」に移された。平成20年版では、読むことの学習過程の最終段階に置かれ、国語科の授業の一連の流れの中に位置付けらえていたのが、「読むこと」から姿を消したことになる。文部科学省のねらいは、一つの領域の学習過程としていたものを、どの領域でも指導すべき〔知識及び技能〕に"格上げ"

したことによって、一層の充実を図ることができるということかもしれない。しかし、「共有」で終わる「読むこと」の学習活動のどこに読書を位置付けるのかは見えてこない。国語科で読書指導を行う必然性が薄れてしまわないか、危惧するところである。

> **ワーク12**
>
> 「我が国の言語文化に関する事項」の四つの指導事項の中で、今後さらに重要になってくることは、どれだろう。一つを選んで、自分の考えを簡潔にまとめてみよう。
>
> 【ワーク解説】
>
> 　重要視する根拠は、次のいずれかであろう。
>
> 〔①現状に課題があり改善が必要である、②時代の変化により今後一層求められる、③実践研究が進み、新たな展開が期待できる〕
>
> 　関心をもった指導事項について、上記のことなどを視点に考察し、それに沿って論述していくことで、簡潔にまとめることができるであろう。

*1　大熊徹「5　ローマ字」『国語教育指導用語辞典』（前出）
*2　『広辞苑　第6版』岩波書店、2008年
*3　文化審議会答申　「敬語の指針」　平成19年2月
*4　髙橋俊三「33　音読・黙読」『国語教育指導用語辞典』（前出）

第2部
国語科指導法

第1章
授業改善の方向

平成29年版学習指導要領は、国語科における授業改善の方針を次のように示している（第3　指導計画の作成と内容の取扱い1-(1)）。

> 　単元など内容や時間のまとまりを見通して、その中で育む資質・能力の育成に向けて、児童の主体的・対話的で深い学びの実現を図るようにすること。その際、言葉による見方・考え方を働かせ、言語活動を通して、言葉の特徴や使い方などを理解し自分の思いや考えを深める学習の充実を図ること。

　ここでは「主体的・対話的で深い学び」、「言葉による見方・考え方」、「言語活動を通して」など、重要なキーワードが示されている。本章では、それらにふれつつ、これまでの国語科の授業の問題点とも併せて、今求められている国語科の学習指導の在り方について考え、学習指導過程のモデルを提案したい。

1　「主体的・対話的で深い学び」

主体的な学び

　「主体的な学び」について、中央教育審議会答申[*1]（以下「答申」とする）は、次のように説明している（下線部筆者）。

> 　<u>学ぶことに興味や関心</u>を持ち、自己のキャリア形成の方向性と関連付けながら、見通しを持って粘り強く取り組み、自己の<u>学習活動を振り返って次につなげる</u>「主体的な学び」が実現できているか。

　「主体的な学び」という言葉は、意欲的な、積極的なという、姿勢や態度面での意味で捉えられることがある。しかし、ここで示されている

「主体的な学び」は、子どもが学習活動の"主体"となった時の具体的な姿である。

子ども自身が"主体"であるから、学習活動は、自らの興味や関心で起動される。そして、何を目指して、どのような段取りや手だてで学習活動を進めるのか、子ども自身が承知し、自分の責任において進めていく。さらに、学習活動の途中や終えた時点で、自分がどのようなことをしてきたのか、また、その中で何を学び、どのような力を伸ばすことができたのかを自覚的に捉えている。それができているから、さらに学びたいことが生まれ、自分の力についても伸ばすべき課題が見えてくる。

すなわち、「主体的な学び」が「実現できている」とは、次の三つのことができている状態を指している。

①学ぶことに興味や関心をもって学習に臨んでいる。
②学習について見通しをもっている。
③学習活動を振り返って次の学びにつないでいる。

対話的な学び

「対話」とは、一般的な意味からすれば、人と人とが対面して言葉を交わすことである。「答申」は、次のように説明している。

> ア）子供同士の協働、イ）教職員や地域の人との対話、ウ）先哲の考え方を手掛かりに考えること等を通じ、自己の考えを広げ深める「対話的な学び」が実現できているか。
> **（下線及び記号は筆者による）**

ここでは、ア）、イ）、ウ）を「手掛かりに考える」+「それを通じて自己の考えを広げ深める」ことが「対話的な学び」であるとされている。つまり対話とは、自分一人の中で完結するのではなく、何かを手掛かりにして自分の考えを広げ深めることであると言うのだ。そして、そ

の手掛かりには、人間同士の言葉のやりとりだけでなく、「協働」（協力して学習活動を進めるというような意味）や、文字として残された先哲の知見なども含まれる。こうして見ると、ここでの対話は、かなり広い意味で使われているようである。

ただし、「答申」は、続けて次のように述べている。

「身に付けた知識や技能を定着させるとともに、物事の多面的で深い理解に至るためには、多様な表現を通じて、教職員と子供や、子供同士が対話し、それによって思考を広げ深めていくことが求められる」

すなわち、対話とは、基本的には広い意味をもつものではあるが、小学校での学習指導場面では、人と人とが言葉を交わすという意味での「対話」が中心になると考えていいだろう。

深い学び

〈深い－浅い〉という対義的な視点で見ると、「深い学び」は、「浅くはない学び」や「浅いところからより深いところへ掘り下げる学び」といったことになるだろう。「答申」では、次のように説明している。

> 習得・活用・探究という学びの過程の中で、各教科等の特質に応じた「見方・考え方」を働かせながら、<u>知識を相互に関連付けてより深く理解</u>したり、<u>情報を精査して考えを形成</u>したり、<u>問題を見いだして解決策を考え</u>たり、<u>思いや考えを基に創造</u>したりすることに向かう「深い学び」が実現できているか。
>
> （下線は筆者による）

ここでの「深い学び」とは、つまり、次の四つである。
①知識を相互に関連付けてより深く理解すること。
②情報を精査して考えを形成すること。
③問題を見いだして解決策を考えること。

④思いや考えを基に創造すること。

これらは、「深い学び」を内容や質的な面から説明したものであり、「深い学び」の目指すべき姿であり、目標でもある。言い換えれば、知識を関連付けたり、情報を精査して考えたり、問題を設定して解決策を考えたりするなどの質の高い「思考・判断・表現」活動を、単元の学習活動の中で行っていくことが、「深い学び」を実現することになるということである。

ただし、この目標には、その達成過程に条件が付されている。〈習得・活用・探究という学びの過程の中で〉、〈各教科等の特質に応じた「見方・考え方」を働かせること〉である。

「**習得・活用・探究**」とは、これまでも学習指導要領で示されてきた学習活動の類型である。「習得」とは、基本的な知識や技能について、文章を読んだり、説明を受けたりして理解し、繰り返し学習したり練習したりすることで身に付けていく学習である。どの教科の学習においてもその基盤となる部分であり、常に重視されてきたところである。

「活用」とは、「習得」型の学習で身に付けてきた知識や技能を違う対象に当てはめたり、別の活動の中で実際に使ってみたりすることで、より確かな（いつでも活用可能な）ものにする学習である。基本的には、教科の学習の中で行われるものである。

「探究」とは、【課題の設定】→【情報の収集】→【整理・分析】→【まとめ・表現】という過程で進められる問題解決的な一連の学習活動である。本来は主に「総合的な学習の時間」に行われる学習活動であるが、教科の学習の中でも、これに近い学習過程をとることは可能である。

「習得・活用・探究」は、当初は学習活動の類型として提示されていたが、やがて"習得した知識・技能をほかの対象や場で活用することで思考力・判断力・表現力を高め、自ら課題を設定し問題解決していく探究的な学習活動に進む"というような「学びの過程」としても捉えられ

るようになってきたようである。

「**見方・考え方**」とは、「物事を捉える視点や考え方」(「解説」付録2総則編)であり、「社会的事象の見方・考え方」(社会科)、「数学的な見方・考え方」(算数科)、「理科の見方・考え方』(理科)というように、教科ごとに示されている。国語科の「見方・考え方」は「言葉による見方・考え方」である。「解説」によれば、「対象と言葉、言葉と言葉との関係を、言葉の意味、働き、使い方等に着目して捉えたり問い直したり」することが言葉による「見方・考え方」ということになる。

「見方・考え方」は、「習得・活用・探究」のどの過程でも"働かせる"ことができる。知識・技能を習得していく学習、それをほかの場面に当てはめて活用する学習、一つの大きな課題に向けて探究的な学習を展開する場合、いずれの学習でも言葉によって対象を捉えたり、認識を深めたりすることは可能であり必要である。「深い学び」と言うと、探究型の学習活動を、長い時間をかけて積み上げた結果、至ることができる"深さ"と捉えがちである。だが、「深い学び」を学びの質と捉えると、どの過程でも実現すべき学びの姿であると言えよう。

このように見てくると、「主体的・対話的で深い学び」の眼目は「深い学び」にあり、それは問題解決型の学習過程(【課題の設定】→【情報の収集】→【整理・分析】→【まとめ・表現】)の中で、「教科によるものの見方・考え方」を働かせることによって実現されるものである、と大きくまとめることができるだろう。

ショートコラム 1　言葉による見方・考え方

言葉による見方・考え方とは、どのようなことだろうか。
言葉には、様々な機能があるが、物事を認識する機能、抽象的な思考を進める機能が「見方・考え方」に関連する。
事物や物事を認識する機能とは、例えば次のような例で考えることが

できる。

　学校の飼育小屋にいる耳の長い小動物を、子どもたちは「うさぎ」と呼ぶ。実際には、白い毛をしたものや黒い毛をしたもの、耳が垂れているものや体の小さいものなど、個体ごとに違った特徴をもっているのだが、子どもたちは、それをひっくるめて「うさぎ」と呼んで、お互いに通じ合っている。ここでは「うさぎ」という言葉は、個体差を超えたある種の共通要素を指す抽象概念として機能している。「うさぎって、かわいいね」と言う時、特定の一匹の個体を指すのではなく、概念化されたうさぎについて述べているのである。無数にある事物を一つの言葉で括って、抽象的な概念とすることが、言葉による認識機能の基盤となる。

　ある事物をどのような言葉で表すか、それが「言葉によるものの見方」である。

　例えば、「うさぎとは、どんな動物ですか」と質問された時、「かわいい生き物」か、「家畜」か「ペット」か、「家族」か。どの言葉を使うかによってその人のうさぎについての認識がはっきりしてくる。そして、「『家畜』って言うと愛情が感じられない。でも『家族』とは違うように思う」というように、あれこれと言葉を当てはめて考えてみることで、似通った概念のすり合わせが行われ、それを通して思考が深められていく。これが「言葉による見方・考え方を働かせる」ということの一つの姿であろう。

2　これまでの国語科授業の問題点

　では、これまでの国語科の学習指導過程は、「主体的・対話的で深い学び」を実現できるものであっただろうか。ここでは、「読むこと」領域の状況を取り上げて、問題点を検討してみたい。

(1) これまでの学習指導過程の問題

単元の学習指導過程

「読むこと」領域では、学習単元を三次で構成することが一般的である。例えば、物語を「読むこと」では、右のような学習指導過程が最も一般的で定着しているのではないだろうか。

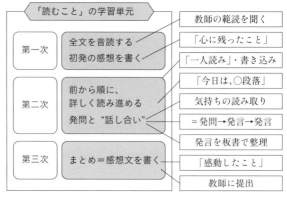

〈図1〉

 第一次は、単元全体の導入部分である。学習目標の確認や、簡単な題名読みをした後、多くの場合指導者が全文を範読して子どもに聞かせる。その後、短い教材であれば子どもにも全文を音読させる。そして、最後に「はじめの感想」をノートに書かせて、1時間で終わる。第二次は、物語をいくつかの部分に区切って、前から順に、詳しく読み進めていく。毎時間の学習活動は、指導者による発問とそれを巡っての"話し合い"が中心で、ほとんど同じ形が繰り返される。家庭学習として、次時に学習する部分を「一人読み」して、ワークプリントに書き込みさせることもある。第三次は、単元全体のまとめとして、感想を交流させたり、感想文を書かせたりする。長めの感想文を書かせる場合は別だが、1、2時間を当てることが多い。

 このような単元構成は、物語の内容を詳しく、つぶさに理解させるための学習指導過程である。そのため、1時間で学習可能な分量を目安として文章をいくつかに区切り、"前から順に、詳しく読み進める"とい

う第二次の学習が中心となる。そのため、第一次は、簡単な動機付け程度で切り上げられ、第三次の学習も感想を交流するか文章にまとめるかに終わることが多い。

1時間の授業の学習指導過程

〈図2〉は第二次で行われる1時間の授業の学習指導過程である。

〈図2〉

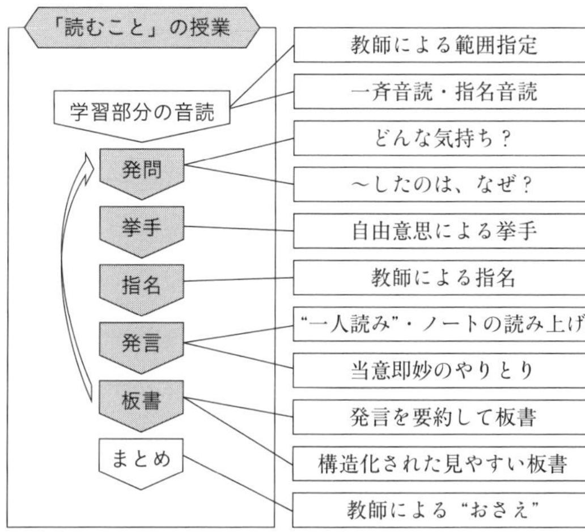

「読むこと」の授業
- 学習部分の音読 → 教師による範囲指定／一斉音読・指名音読
- 発問 → どんな気持ち？／〜したのは、なぜ？
- 挙手 → 自由意思による挙手
- 指名 → 教師による指名
- 発言 → "一人読み"・ノートの読み上げ／当意即妙のやりとり
- 板書 → 発言を要約して板書／構造化された見やすい板書
- まとめ → 教師による"おさえ"

授業は、「今日は、昨日の続きで〇場面を詳しく読み取っていきましょう。では、□ページの□行目から、□ページの□行目までを音読しましょう」という指導者の指示で始まる。前時の振り返りや、本時の目標の確認も行われるが、「〜した時の『ごん』の気持ちを読み取ろう」といった内容を板書し、ノートに書き写させる程度であることが多い。

音読の後は、指導者が「『ごん』が〜したのはなぜでしょう」や「〜した時、『ごん』はどんな気持ちだったでしょう」と発問し、それに答えられる子どもが挙手する。指導者は、子どもたちの反応を数秒待った後に一人の子どもを指名し発言させる。その後、二、三名に関連する発言をさせながら、その内容をうまくまとめて板書していく。このような指導者からの発問と、子どもとの当意即妙のやりとりが、授業のほとんどの時間を占めながら進み、終盤には、その日の発言を構造化し見やす

くまとめた板書を背にして、指導者が全体のまとめを行う。

　この学習指導過程は、指導者の発問を軸に組み立てられたものである。指導者は、自分が読み取った内容や結論に子どもを導くために、主発問、補助発問、揺さぶり発問などを工夫して授業を組み立てる。子どもはその流れに沿って、指導者の"読み取り"を追体験しながら物語の読みを進めていく。指導者と子どもとの問答を中心にした一斉指導型の授業である。

(2) 問題の所在

　ここに挙げたこれまでの学習指導過程は、文章の内容を"読み取らせる"こと、しかも学級の子ども全員に同じ内容を同質、同程度に理解させることを目的として構成されている。その点から言えば、理にかなった学習指導過程であると言えよう。しかし、この学習指導過程には、次のような問題がある。

①子どもが主体性を発揮できていない

　学習が指導者の発問を軸にした計画に沿って進められるために、子どもは指導者からの指示に逐一従い、発問を待って考えたり答えたりすることになる。これから先、どのように学習が展開していくのかについて考える必要はない。

　また、学習課題も明確で切実なものにならない。指導者からは、"めあて"が提示されるが、抽象的で大括りのめあてが多く、実際に何を、どのようにすればいいのかが不明確である。

②子ども自身が自らの力で言葉に向き合うことが少ない

　内容理解を重視した発問では、「〜したのはなぜですか」「この時の〇〇の気持ちは？」など、内容を直接問うことが多くなる。そのため、子どもは、文章のどこにそれが書かれているかを確かめるよりも先に、自分なりに理解したことを答えることになる。加えて、発問から回答までの時間が短いと、子どもは性急に"考えたこと"や"思ったこと"を返

答してしまい、書かれている文章に目を向ける必要性が薄くなってくる。

③育成すべき国語の能力が明確でない

　上記の発問には、子どもが答えを見つける、あるいは考える手だてが内包されていない。例えば「○○が〜したのはなぜですか。したことを順番に並べてみて考えてみましょう」や「○○の気持ちが分かる行動を見つけて、説明しましょう」といった発問であれば、学年に応じた読みの手だてが示されており、それが育成すべき国語の能力であると言える。だが、指導者の関心が内容のみに向けられる授業では、その授業で育てるべき国語の能力に目が向けられることは少ない。

④子ども相互の対話がない

　指導者の発問に多くの子どもが活発に答える授業では、一見、子ども同士で発言が交わされているように見える。しかし、それは指導者と子どもとの問答を周りの子どもが聞いているに過ぎない場合が多い。指導者は、子ども同士の発言をつなぐために「○○さんと同じで」や「○○さんとは違って」などと発言の話型で誘導しようとするが、これもうまくいくことは少ない。そこで、授業の中にペアやグループでの話し合いを取り入れる場合もある。だが、指導者が発問した後、少しの時間ペアで相談させる程度であったり、具体的な手順や方法を指示しないままグループの話し合いに"丸投げ"したりするような指導も効果は薄い。

⑤子どもが自分の考えをまとめて表現する場がない

　文章の詳細な読み取りには、時間がかかる。第一次を1時間で切り上げた後、単元のほとんどの時間は第二次の"読み取り"に費やされる。そのため、第三次の残り時間が少なくなり、感想をまとめて話す準備をしたり、文章に書きまとめたりするための時間をとる余裕がなくなってしまう。そのため、子どもは十分な指導を受けないまま、急いで感想文を書き上げたり、スピーチの原稿を書いたりすることになる。学力に課題がある子どもにとっては、いっそう難しい課題であり、多くの子ども

が学習活動を通して考えたことをきちんとまとめきれないまま、単元の学習を終えることになってしまう。

　以上、これまでの国語科の学習指導過程の問題点を探るために、単元全体と１時間の授業についてモデルを想定して考察してみた。実際の多くの教室では、学習の目的を明確にするための導入の工夫や、子ども同士の対話を取り入れることなど、すでに様々な改善策がとられていることであろう。しかし、これまで長きにわたって基本形とされてきたスタイル（内容理解を重視し、発問を軸とした一斉指導によって、全文を均質に詳しく理解させていく学習指導過程）から抜け出すことは、そう簡単なことではない。今こそ、"当たり前"という先入観から離れて、今まで自分が行ってきた（あるいは受けてきた）国語の授業を見つめ直すことが必要であろう。

> **ワーク１**
>
> 　国語科の授業の内容や方法について、今後も継続すべきことと、転換すべきことを一つずつ挙げて、自分の考えを述べてみよう。それぞれ具体的な事例を挙げ、継続、転換すべき理由を明らかにして、簡潔に記述してみよう。
>
> 【ワーク解説】
>
> 　「主体的」「対話的」「深い学び」といったキーワードを挙げた時、最も関心があるのはどれだろう。あるいは、「自力で言葉に向き合う」「言葉を使った学び」「言葉で表現する活動」、「学習成果をまとめ、ほかに発信」といったことについてはどうだろう。今まで自分が受けてきた、あるいは行ってきた国語科の授業を振り返って、課題と改善の方向を考えていくことが必要である。

3　学習指導過程改善の方向

　これまでの国語科の学習指導過程の問題点を解決し、「主体的・対話的で深い学び」を実現していくためには、次の三つのことが求められる。

> ・子どもが自力で言葉に向き合う活動を中心に学習過程を組み立てる。
> ・言葉を使った学び合いによって、学習活動を前に進める。
> ・言葉で表現する活動で学習成果をまとめ、ほかに発信する。

子どもが自力で言葉に向き合う活動を中心に学習過程を組み立てる

　自力で言葉に向き合うとは、取り組むべき課題や解決すべき問題が明確で、それについて子ども一人一人が十分な時間をかけて文章を読んだり分析したりすることである。例えば、指導者の範読や言葉の解説などを行わず、子どもが最初から自分の力で文章を読み通すことや、人物の気持ちとつながる情景描写を文章から探して付箋に書き出すことなどである。このような活動の中では、子どもは自分の責任で読んだり、話したりすることができる。言葉を使う、言葉を学ぶ"主体"は、子どもであるという原則を貫くことがまず重要であろう。

　また、子どもの活動を中心に学習過程を組み立てることは、何を、どのように、どのような順番で行うのかを明確にすることであり、子どもも、指導者も活動の見通しがもちやすくなる。

　さらに、言葉に向き合うためには、どのような方法で言葉を捉え、理解したり表現したりしていくのかが明確でなければならない。これはすなわち、国語の技能、能力であり、子どもは自力で言葉と向き合うことでこのような力を身に付けていくのである。

言葉を使った学び合いによって、学習活動を前に進める

　1時間の授業や単元の学習活動を設計し、実際に進めていくのは指導者の役割である。学習活動の内容や方法を指示したり、細かな留意点を示したり、子どもの活動の様子を捉えて微調整したり、時間を管理したりすることなど、学習活動をスムーズで有効なものにするためには、指導者の細やかな配慮が欠かせない。

　だが、子どもの思考を前に進めることについても、指導者が直接指示、指導していたのでは、対話的な学びは生まれない。例えば、「人物の気持ちとつながる情景描写を文章から探す」という課題に取り組むとしよう。文章を読んで条件に合う情景描写に線を引くところまでは、指導者の指示によって進める。その後、線を引いた箇所を確認する活動を一斉指導の形で行うと、それは単なる"答え合わせ"で終わってしまう。子どもには、「合っていたか、間違っていたか」という"思考"しか残らない。

　子どもが個別に言葉に向き合った後は、そこで考えたことを出し合う場を設定することが必要である。上の学習活動では、線を引いたところをペアで確かめ合う活動を設定したい。その中では、子どもは自分が線を引いたところ、すなわち自分の考えを言葉にして相手に伝える必要に迫られる。そして、相手との相違を確かめて、違っていればそれを巡って言葉のやりとりが生まれ、その過程で頭の中で考えていたことが、言葉として形をもってまとめられていく。

　このように、言葉を使った学び合い（具体的にはペアでの交流やグループでの話し合いなど）によって学習活動を前に進めることは、学習過程のどの段階でも可能であり、必要である。その際、大切なことは、子どもが言葉に向き合って思考した結果を、指導者→学習者という関係に置くのではなく、学習者⇔学習者という対話の中に置いて、そこで生じた考えや疑問、新たな問題意識を足場として、学習活動を前に進めていくことである。

言葉で表現する活動で学習成果をまとめ、ほかに発信する

　どの領域であっても、国語科の学習活動の最終目的は、子ども一人一人が自分の学習成果を言葉でまとめ、ほかに向けて発信して評価を受けることである。

　単元の学習活動を通して、子どもは様々な形で言葉と向き合い、その都度、気付いたことや考えたことを学習成果として積み上げていく。学習活動の最終段階では、それらを関連付け、順序立てて統合していくことが必要である。具体的には、学んだことや考えたことを文章に書きまとめたり、いくつかの資料を用意してプレゼンテーションしたりすることなどが考えられる。このような活動によって、子どもはそれまでの学習活動を振り返りつつ、断片的に考えてきたことや新しく知った知識などを整理し、自分のものとして再構成していく。そして、学習の主体者として自覚と責任をもって他者に向けて発信し、評価を請う。

　学習の成果をまとめてほかに発信することは、学習活動で得た知識や思考を関連付けて再構築するという意味で、またほかからの評価によって自分の思考を相対化し次への課題を見出すという意味で、"深い学び"の一つの姿と言っていいだろう。また、ほかに向けて発信するということは、学びを"受容"で終わらせないことでもある。なんのために学ぶのか。それは、知識や技能を己の中にため込むためではなく、学びの中で得た知見や思考を使って、他者に働きかけて自己を実現していくためである。そのような立場を前面に押し出していくことが、今求められているのである。

4　今求められる国語科の学習指導過程

　ここまで、「主体的・対話的で深い学び」を踏まえた上で、これまで

の国語科の学習指導過程の問題点を検討し、国語科における改善の方向について考えてきた。本節では、それらをまとめる意味で、今求められる国語科の学習指導の具体像として単元全体の学習指導過程と、1時間の授業の構成について、それぞれモデルを示したい。

なお、ここでは、例として「読むこと」領域の学習指導過程を取り上げて"骨組み"だけを示し、具体的な学習活動の展開については、後の章で領域ごとに具体例を挙げながら詳説していくこととする。

(1) 単元の学習指導過程

〈図3〉では「課題設定」から「学習の振り返り」まで七つの学習過

〈図3〉

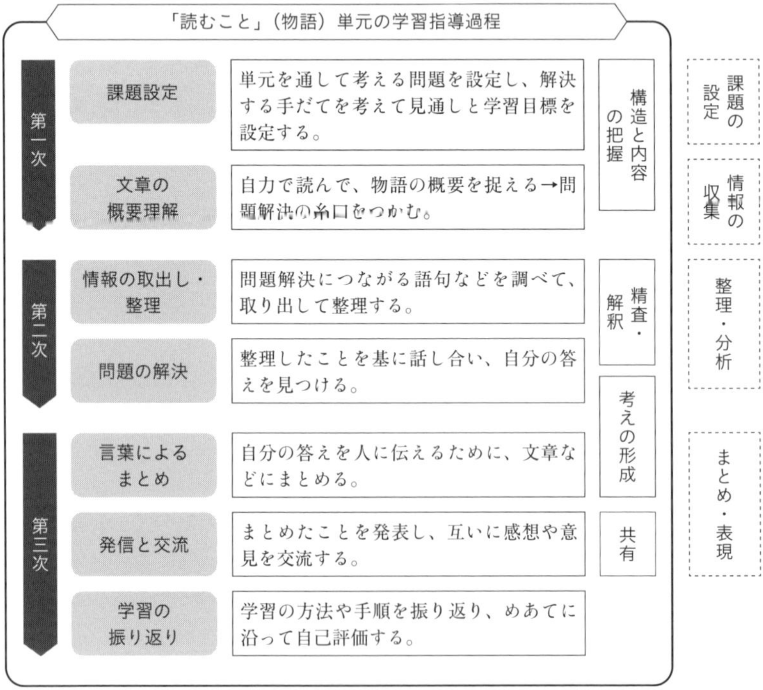

「読むこと」（物語）単元の学習指導過程

次	学習過程	内容		
第一次	課題設定	単元を通して考える問題を設定し、解決する手だてを考えて見通しと学習目標を設定する。	構造と内容の把握	課題の設定
	文章の概要理解	自力で読んで、物語の概要を捉える→問題解決の糸口をつかむ。		情報の収集
第二次	情報の取出し・整理	問題解決につながる語句などを調べて、取り出して整理する。	精査・解釈	整理・分析
	問題の解決	整理したことを基に話し合い、自分の答えを見つける。		
第三次	言葉によるまとめ	自分の答えを人に伝えるために、文章などにまとめる。	考えの形成	まとめ・表現
	発信と交流	まとめたことを発表し、互いに感想や意見を交流する。	共有	
	学習の振り返り	学習の方法や手順を振り返り、めあてに沿って自己評価する。		

程を設定し、それを三次構成とした。七つの学習過程は、枠の右に示した問題解決型の学習過程に沿って、物語を読むことの特性に応じた学習活動として具体化したものである。学習指導要領の学習過程は、枠内右に示している。これは概ね三次の単元構成と対応させているが、「考えの形成」を第二次の後半から第三次にかけて位置付けているように、厳密に対応するものではない。

第一次では、単元の学習活動を通して追究する課題を設定した上で、教材を自力で読み通しておよその内容を把握し、問題解決の糸口を見つける。

課題設定では、単元を通して"考える問題"と、それを解決するために取り組むべき具体的な学習活動を"課題"として設定し、どのようなことを、どのような手順で進めていくのか、学習活動の大まかな"見通し"をもつ。特に、解決した問題をどのような形で表現し、ほかに伝えたり共有したりするのか、ゴールのイメージを明確にもてるようにすることが重要である。また、この学習活動の中で、どのような国語の能力(すなわち「指導事項」)を身に付け伸ばしていくのか、学級全体で目指す"学習目標"を設定する。

文章の概要理解では、物語を自力で読んで、登場人物の人物像やあらすじを捉える。その時点で、"解決すべき問題"について考えることで、問題解決の糸口をつかむ。

第二次では、問題解決に向けて文章を分析的に読む方法を明確にし、そこで取り出した情報を基にペアやグループで対話し、問題の"答え"を見つける。

情報の取出し・整理では、文章の中から、問題の答えを見つける手がかりとなる語句や表現を見つけて、付箋に書き出すことで情報を"取り出す"。取り出した情報は、グループなどで共有し、協働で整理する。

問題の解決では、取り出して整理された情報を基に、対話を通して"答え"を探り、各自が自分なりの考えをもつようにする。

第三次では、ここまでの学習活動によって得た"答え"を文章にまとめるなどした上で、ほかに向けて発信、交流し、自らの学びの成果を捉える。

言葉によるまとめでは、論理的な組み立てや言葉遣いなどを丁寧に指導し、質の高い"発信"ができるように準備する。発信の形態は、スピーチやプレゼンテーションなど幅広いものを含んだものとする。

発信と交流では、話し手と聞き手、書き手と読み手といった役割を明確にし、それぞれの目標を明確にした上で、内容だけでなく、言葉のやりとりの質を高めていくようにする。

学習の振り返りでは、この単元でどのような学習活動をどのような手だてで行ってきたかについて、ノートやワークシートなどを基にして丁寧に振り返る。その上で、自分自身の取り組み姿勢や、身に付けることができた知識や技能について自己評価し、今後の課題について考えたり表明したりする。

(2) 1時間の授業の学習指導過程

ここでは、第二次の授業を例として挙げる。

導入の過程

「導入」では、単元全体の学習計画と、本時の課題、目標を確認する。

学習計画の確認のためには、前時までの学習活動を振り返ることが必要である。ただし、これは読み取ってきた内容を確かめることではない。単元を通して"考える問題"を解決するための学習活動が、全体の"見通し"の中でどこまで進捗しているのかを振り返ることである。物語の感想や内容に関する気付きや学びなどは、学習活動に付随させて交流する。

課題と目標の確認では、本時に何をどのように、どの程度まで行うのか、具体的な活動を課題として確認し、見通しがもてるようにする。ま

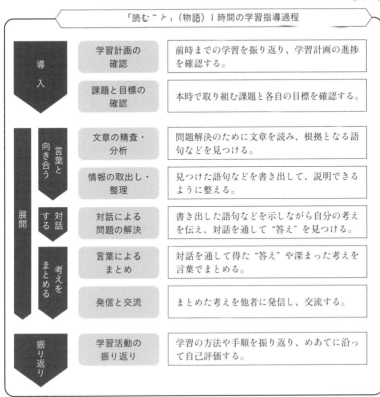

〈図4〉「読むこと」（物語）1時間の学習指導過程

た、その学習課題に取り組むことで、学級全体及び各個人が、どのような国語の能力を身に付けるのか、学習目標も併せて考えさせるようにする。

展開の過程

「展開」の過程は、「言葉と向き合う」「対話する」「考えをまとめる」の順に進めていく。

「言葉と向き合う」とは、子ども一人一人が自力で文章を読んで、精

査・分析を行うことと、その結果を他者と共有できる形の情報として取り出し、整理することである。**精査・分析**とは、本時の問題の答えを見つけるために文章を読み、その答えと根拠となる語句を見つけることである。傍線を引いたり、余白に考えたことを書き込んだりするなどの活動が考えられる。**情報の取出し**とは、対話を前提として、文章から得た情報を他者と共有できる形に加工することである。具体的には、付箋やカードに書き出したり、グループで共有するために用紙などに書き込んだりする活動が考えられる。**整理**とは、取り出された情報を並べ替えたり、仲間分けしたりすることで関係付けたり、構造化したりすることである。

「**対話する**」では、書き出した語句の付箋などを示しながら自分の考えを相手に伝えたり、相手の考えを聞いたりしながら、協働して考えることで問題を解決していく。

「**考えをまとめる**」では、再び個人の活動に戻り、対話を通して形成されてきた考えをまとめ、他に向けて発信する。**言葉によるまとめ**で対話を通して得た"答え"や深まった考えを言葉でまとめる。この時、使用する語彙や文章の構成などについては、子どもに任せるのではなく、明解に指導し、質の高い文や文章でまとめられるようにすることが重要である。**発信と交流**では、言葉としてきちんとまとめたことをペアやグループ、あるいは学級全体に向けて発信する。まとめた考えを話すことや、書いた文章を読んでもらうことなど様々な方法が考えられる。この過程では、学習の成果を発信し、感想や批評を求めることが主となるので、時間をかけての議論などは行わず、互いに認め合うことを基調とした交流にとどめておく。

振り返りの過程

学習内容のまとめとしては、前の過程「考えをまとめる」ですでに終えている。ここでは、この1時間で何を課題として、どのような方法で

取り組んできたのか、学習活動そのものを振り返る。このことは、学習の進め方を自覚的に捉えるということであり、次の学習でも使える汎用的な"見通し"をもつことにつながる。その上で、自分の学習目標に則して、どのような知識・技能を学び身に付けることができたのかを自己評価する。また、「おもしろかった」「夢中になった」などの感情的な面も含めて、学習の主体者として1時間の学習をまとめていく。

＊1　中央教育審議会答申「幼稚園、小学校、中学校、高等学校及び特別支援学校の学習指導要領の改善及び必要な方策等について（答申）」2016年12月21日

第 2 章
授業づくりの方法
―「読むこと」（物語）―

1　単元の学習指導過程

　本章では、国語科の授業づくりの手順や基本的な方法、留意点などについて、「読むこと」領域の授業を例にしてやや詳細に考えていきたい。教材は、「ごんぎつね」（光村図書四年下　はばたき）を取り上げる（＊以下、本章で「教科書」と記述する際は、光村図書版による）。

　学習指導過程を構想し、単元の指導計画を作成する手順は次のとおりである。

　「主体的・対話的で深い学び」を実現する授業をつくる上で最も重要なことは、子どもの学習活動を軸にして学習指導過程を構成することである。従来、物語教材の学

> (1)　単元の目標を設定する
> (2)　学習活動の流れを見通す
> (3)　教材を分析する
> (4)　単元の学習指導過程をつくる
> (5)　1時間毎の学習指導過程をつくる

習指導では、まず、指導者が教材を深く読み込み、指導者の解釈を明確にする教材分析が最優先された。その結果、指導者の解釈に子どもを導く形で授業が構成されてきたことは、すでに述べたところである。今求められているのは、子どもの言語活動を軸とした問題解決的な学習活動である。したがって、授業づくりの作業も、子どもの学習活動をどのようにつくっていくかということが主軸となる。そのため、授業づくりの作業としては、まず単元全体の目標を設定し、それを達成するための学習活動の流れを構想する。

(1) 単元の目標を設定する

教科書の単元名を読み解く

　学習指導目標を設定する際に拠り所とするのは、言うまでもなく教科

書である。

　教科書（P8）には、単元名と、それを補足する形で、学習のねらいが示されている。

> 単元名：「読んで考えたことを話し合おう」
> 　　　　登場人物の行動や気持ちの変化をとらえ、感じたことや考えたことを話し合いましょう。

　まず、単元名からは、この学習活動のゴール、すなわち第三次の言語活動は「話し合う」ことであり、話し合う内容は「読んで考えたこと」であるということが分かる。

　「登場人物の行動や気持ちの変化をとらえる」というのは、何を読み取るのか、あるいは何について考えるのかということである。また、「感じたことや考えたこと」とは、「話し合い」の内容である。

　すなわち、教科書の単元名から読み取れるこの単元の目標は、次のようになろう。

> 物語『ごんぎつね』を読んで、
> ①登場人物の行動や気持ちの変化をとらえる。
> ②それに基づいて、感じたことや考えたことを話し合う。

　研究授業などで国語科の授業を考える時、とかく"新しい工夫"やオリジナリティが求められがちである。そんな時、教科書に設定された目標や学習過程は、軽んじられたり、無視されたりして、まったく別の目標が設定されることがある。研究を主目的とした授業では、大胆な挑戦も必要であろう。しかし、一般の学級の日常的な授業では、教科書に基づいて進めることが当然のことであり、そのことを忘れないようにしたい。

学習指導要領の指導事項に当たる

　教科書に示された目標などは、子どもに向けて書かれたものである。指導者の立場から理解するためには、該当する学年（ここでは3・4年）の学習指導要領に当たって、教科書に示された目標などとくらべてみる必要がある。関連する指導事項は、次のとおりである（下線は筆者による）。

〈表1〉

節・項	指導事項
C-(1)-イ	登場人物の行動や気持ちなどについて、<u>叙述を基に捉える</u>こと。
C-(1)-エ	登場人物の気持ちの変化や性格、情景について、<u>場面の移り変わりと結び付けて具体的に想像する</u>こと。
C-(1)-オ	文章を読んで理解したことに基づいて、<u>感想や考えをもつ</u>こと。
C-(1)-カ	文章を読んで感じたことや考えたことを共有し、<u>一人一人の感じ方などに違いがあることに気付く</u>こと。

　下線部を考慮して、教科書の目標を指導者向けに書き直すと次のようになる。

【学習指導目標】
①登場人物の行動や気持ちを、叙述を基に捉え、その変化を場面の移り変わりと結び付けて具体的に想像する。
②①で理解したことに基づいて感想や考えをもち、それについて話し合うことで、一人一人の感じ方などに違いがあることに気付く。

　なお、ここでは「情景について」は取り上げられていない。指導事項は、2学年を通して指導すべき事項である。したがって、どの単元でも全て盛り込む必要はない。この単元では、人物の行動に視点を向けることに焦点化されているとみていいだろう。

〔知識及び技能〕と関連付ける

「読むこと」の領域で指導すべき事項には、〔知識及び技能〕の指導事項も含まれる。関連する指導事項は、次のとおりである（下線は筆者による）。

〈表２〉

節・項	指導事項
(1)－オ	様子や行動、気持ちや性格を表す語句の量を増し、話や文章の中で使うとともに、言葉には性質や役割による語句のまとまりがあることを理解し、語彙を豊かにすること。
(1)－ク	<u>文章全体の構成や内容の大体を意識しながら音読すること。</u>
(2)－ア	考えとそれを支える理由や事例、全体と中心など情報と情報との関係について理解すること。
(2)－イ	比較や分類の仕方、必要な語句などの書き留め方、引用の仕方や出典の示し方、辞書や事典の使い方を理解し使うこと。
(3)－オ	<u>幅広く読書に親しみ</u>、読書が、必要な知識や情報を得ることに役立つことに気付くこと。

下線を付した内容が、今回の単元に関連しそうな事項であろう。学習活動が具体化されていない段階では、まだ判断できないが、この単元で指導すべき事項として視野に入れておく必要がある。

(2) 学習活動の流れを見通す

学習指導目標が設定できた段階で、単元全体の学習活動の流れを大まかに見通しておく。学習指導目標をいくつかのステップに分けてみた上で、前章で示した学習指導過程のモデルを当てはめてみることで、子どもの学習活動を主軸とした展開を構想することができる。この三つを整理すると、次の図のようになる。

〈図5〉

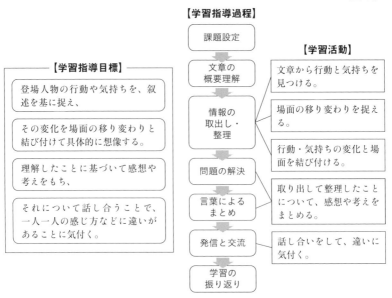

　このように整理してみると、学習指導目標として設定した文言それぞれの意図や意味を深く捉えることができる。また、学習指導過程のモデルと並べてみることで、まだ具体化されていない過程があぶり出されてくる。学習活動をさらに詳しく具体的に想定していくことと併せて、次の教材分析の中で、実際の教材である『ごんぎつね』の表現や内容に即して検討していくこととなる。

ショートコラム 2　"手引き" の活用

　教科書には、教材の後に、この単元で行う主な学習活動が、いわゆる"手引き"として掲載されている（光村図書の教科書では「学習」がそれに当たる）。
　"手引き"には、主な学習活動が具体的な例として示されている。それ

> を見ることで、学習活動のおよその骨組みと指導すべき事項のおよその要点は見えてくる。実際の授業に際しては、授業場面を想定して詳細な部分を補うことで、有効な"手引き"として活用することができる。
> 　ただし、"手引き"にとらわれ過ぎると、学級の実態に即した展開や、授業改善の視点からの独自の工夫を盛り込むことが難しくなってくる。日々の授業では、"手引き"をベースにしつつ、指導者それぞれが改善や工夫を加えて、学習指導過程を構想していくことが求められる。
> 　ちなみに、五社の教科書全てで採用されている『ごんぎつね』は、教科書会社ごとにどのような"手引き"を設定しているだろう。くらべてみることで、授業づくりに対する考え方の違いが見えてくることだろう。

(3) 教材に即して学習活動を具体化する

課題設定

「課題設定」の過程では、単元を通して考える問題を設定し、解決する手だてを考えて見通しと学習目標を設定する。ここで必要なことは、次の三つである。

　ア）　単元を通して"考える問題"
　イ）　それを解決するために取り組むべき"課題"
　ウ）　身に付けるべき国語の能力に関わる"学習目標"

　ア）の**"考える問題"**とは、学習主体である子どもが、物語の冒頭部分を読んで抱く"この先どうなるんだろう"という物語の展開についての期待であり、物語を理解していく軸となるものである。その軸とは、物語のプロローグに示されており、読者が次のことを明らかにすることである。

　①プロローグで、主人公はどのように描かれているか？
　②主人公は「どうなりたい」と思っているか考える。
　③自分（読み手）は、どうなってほしいと思っているか考える。

実際に「ごんぎつね」のプロローグを分析してみよう。

①プロローグで、主人公はどのように描かれているか？

物語の語り手は、「ごん」について「ごんは、ひとりぼっちの小ぎつね」と語っている。これが主人公「ごん」の人物像の最も中核となる要素である。物語の分析に当たっては、語り手のこのような端的で明解な表現を見逃さないようにしたい。

> ごんぎつね　　新美南吉
>
> これは、わたしが小さいときに、村の茂平というおじいさんから聞いたお話です。
>
> 昔は、わたしたちの村の近くの中山という所に、小さなおしろがあって、中山様というおとの様がおられたそうです。
>
> その中山から少しはなれた山の中に、「ごんぎつね」というきつねがいました。ごんは、ひとりぼっちの小ぎつねで、しだのいっぱいしげった森の中に、あなをほって住んでいました。そして、夜でも昼でも、辺りの村へ出てきて、いたずらばかりしました。畑へ入っていもをほり散らしたり、菜種がらのほしてあるへ火をつけたり、百姓家のうら手につるしてあるとんがらしをむしり取っていったり、いろんなことをしました。

その「ひとりぼっち」の「ごん」は、「森の中に、あなをほって住んで」おり、「辺りの村へ出てきて、いたずらばかり」している。これがプロローグで描かれた主人公「ごん」の人物像である。

②主人公は「どうなりたい」と思っているか考える。

では、「ごん」は、これから先の物語の中で、どうなりたいと思っているのだろう。それは、この作品では、直接には書かれていないのだが、今ある状況を裏返すことで容易に見えてくる。

読者の素直で率直な感覚からすれば、「ひとりぼっち」や「いたずらばかり」していることは、望ましいことではない。いわば「ごん」は問題のある状況にいるわけである。この状況から抜け出し、「ひとりぼっち」でなくなること、「いたずらばかり」しないようになることが、プロローグに潜在的に描かれた「ごん」の願いであろう。

③自分（読み手）は、どうなってほしいと思っているか考える。

では、読者は、「ごん」の願いをどのように受け止めるだろう。最も素直な反応は、「ごん」に寄り添い、今の状況から抜け出して幸せに

なってほしいと願うことであろう。しかし、これまでに悲劇的な物語を読んだ経験の多い読者なら、「ごん」の願いは叶えられないのではないだろうかと悲観的な予想を抱くかもしれない。あるいは、「ひとりぼっち」にこだわらなくても、「ごん」らしい生き方をしてほしい、と考える読者もいるかもしれない。主人公への思いと物語への期待感は、読者それぞれであるが、プロローグを読んだ段階でそれを明確にしておくことが主体的に物語に向かう土台となっていく。教材分析に当たっては、子どもがどのような思いを抱くか、様々な可能性を想定しておくことが必要である。

学習課題を設定する

ここまで見てきたように、プロローグを読んだ段階で読者が抱く物語の展開への期待感は、「ひとりぼっちでいたずらばかりしている『ごん』は、どうなるのだろう」ということになろう。これを「ア）単元を通して"考える問題"」として焦点化して示すと次のようになる。

> 「ごん」は、いたずらをやめて、ひとりぼっちでなくなるだろうか。

この問題の答えを見つけるために、読者は、「ごん」の行動を「いたずらをやめるかな？」という視点で追いつつ、「友達や仲間はできるかな？」という視点でほかの登場人物との関わりを見ていくことになる。これが、「イ）それを解決するために取り組むべき"課題"」であり、次のように示すことができる。

> 「ごん」の行動（したこと）を取り出し、その意図（気持ち）を想像して、いたずらかどうかを考えよう。そして、そのことが「ひとりぼっち」でなくなる（友達ができる）ことにつながったか考えよう。

文章の概要理解…構造と内容の把握

　この過程では、物語全体を自力で読んで、その概要を捉え、問題解決の糸口をつかむ活動を行う。具体的な学習活動としては、次の四つが考えられる。

　①物語を通して読む。
　②物語の首尾を捉える。
　③物語をいくつかの場面に分ける。
　④物語の構造を捉える。

①物語を通して読む

　プロローグで得た"考えるべき問題"を読みの視点として、全文を通して読む。その際、場面ごとに立ち止まって、問題に対する答えを短くまとめておく。この段階では、詳しい分析は行わず、直感的、外観的に書き留めておく程度でよい。

②物語の首尾を捉える

　プロローグで示された問題状況が、結末(エピローグ)でどのように"解決"されているか、物語の首と尾を捉える。第一の場面と結末場面から呼応する表現を取り出して比較し、そこから読み取れることをまとめると、次のようになろう。

〈表3〉

第一場面	結末	読み取れること
辺りの村へ出てきて	兵十のうちへ出かけました。	兵十を訪ねる目的が明確になっている。
いもをほり散らしたり	くりを持って	目的のないいたずらから、"贈る"行為へ。
そうっと草の深い所へ	こっそり中へ入りました。	用心深さは変化なし。
ぬすっとぎつねめ	うなぎをぬすみやがったあのごんぎつねめが	ごん=盗人の認識は変化なし。
どなり立てました	ごん、おまいだったのか、いつも、くりをくれたのは	怒りの対象から、語り掛ける相手へ。

| 兵十は追っかけては来ませんでした。ごんはほっとして | 兵十はかけよってきました。ごんは、ぐったりと目をつぶったまま、うなずきました。 | 兵十が自分に近付くことを受け入れている。 |

　このように首尾を関係付けて表現を捉えることで、冒頭部分で描かれた主人公が、物語を通してどのように変容したのかを捉えることができる。また、そこでの語句や言葉遣いの違いから、語り手が"問題"をどのように解決しようとしているのかが見えてくる。3・4年では本格的には扱わないが、作品の主題を探る上で、重要な手掛かりとなる部分である。

③物語をいくつかの場面に分ける

　物語の場面とは、物語の中に配置されたひとまとまりの出来事をいう。"ひとまとまり"とは、あることが原因やきっかけになって（事の起こり）→ある出来事が起こり→その結果が生じる、という関連した出来事のまとまりである。「いつ、どこで、だれが、どのように、どうした」という話のまとまりということもできる。

〈図6〉

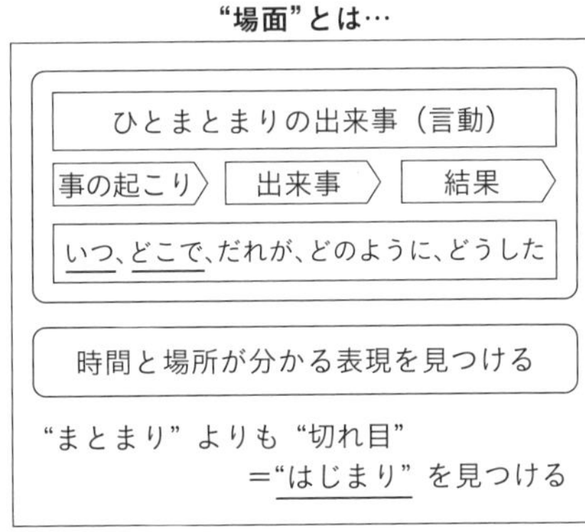

"場面"とは…

　ひとまとまりの出来事（言動）
　事の起こり ＞ 出来事 ＞ 結果 ＞
　いつ、どこで、だれが、どのように、どうした

　時間と場所が分かる表現を見つける

　"まとまり"よりも"切れ目"
　　＝"はじまり"を見つける

　場面は、時間もしくは場所の転換によって区切られることが多い。出来事の内容で場面を括ることは、案外難しいのだが、時と場所に目を付けることが有効な手掛かりとなる。

　「ごんぎつね」は、プロローグに続いて大きく六つの場面で構成されている。各場面の冒頭部分を並べてみると次のようになる。

〈表4〉

場面	冒頭部分
プロローグ	これは、わたしが小さいときに、村の茂平というおじいさんから聞いたお話です。
1	ある秋のことでした。
2	十日ほどたって、ごんが弥助というお百姓のうちのうらを通りかかり
3	兵十が、赤いいどのところで麦をといでいました。
4	月のいいばんでした。ごんは、ぶらぶら遊びに出かけました。
5	ごんは、お念仏がすむまで、いどのそばにしゃがんでいました。
6	その明くる日も、ごんは、くりを持って、兵十のうちへ出かけました。

　また、1～6の大きな場面は、その中をさらに"小さな場面"に分けることができる。ここでも場面分けの観点は、時と場所である。例えば2の場面は、次の"小さな場面"に分けることができる。

〈表5〉

	冒頭部分
①	十日ほどたって、ごんが弥助というお百姓のうちのうらを通りかかり
②	こんなことを考えながらやって来ますと、いつのまにか、表に赤いいどのある兵十のうちの前へ来ました。
③	お昼がすぎると、ごんは、村の墓地へ行って、六地蔵さんのかげにかくれていました。
④	やがて、白い着物を着たそうれつの者たちがやって来るのが
⑤	そのばん、ごんは、あなの中で考えました。

　物語を読むということは、このような時間と場所が変わっていく"小さな場面"を積み重ねて、一つの流れとして想像、理解していくことにほかならない。そして、このような場面分けが、読むことの流れを止めずに、意識しなくてもスムーズに行えるようになることが、"物語が読める"ということであると言える。そのような力を身に付けさせていくためには、「読むこと」の学習活動として、時と場所という観点を明確にした場面分けを時間をとって行っていくことが必要であろう。

④物語の構造を捉える

　物語をいくつかの大きい場面に分け、さらにその中を小さい場面に分けてみることで、物語の中の出来事はおおむね"リストアップ"することができた。実際の読書行為の中では、読者は、すでにそれらの出来事をつないで一連の流れとして理解できているのだが、教材分析では、その一連の流れについて、物語の構造という視点から改めて分析的に捉え直すことが必要である。

　物語の出来事には、ストーリーとプロットという二つのつながり方がある。

　ストーリーとは、物語の中の出来事を時間の順に並べたものである。低学年の童話や昔話では、いつ、だれが、どうして、それからどうなったということが、説明や心理描写などを抜きにして淡々と語られていく。この場合は、物語自体がストーリーそのものであると言ってよい。同じように、「ごんぎつね」のような長い物語であっても、場面の出来事を前から順に述べていくことで、ストーリーを抽出することができる。これがいわゆる"あらすじ"である。

　これに対して、プロットは、出来事を因果関係でつないで形づくられる。人物の行動と行動、場面相互の展開などを、原因と結果、言動と理由などの論理関係でつないでいく方法である。最も単純なものとしては、あらすじを語る際に、「すると」、「そこで」、「ところが」などの言葉で出来事をつないでいくことがプロットであると言ってもいいだろう。

　大人が読む小説などのプロットは、複雑で作品ごとに様々な展開を見せる。児童文学や童話でも、このことに変わりはないのだが、ある程度共通した原型のようなものはある。例えば、昔話「かさじぞう」は、おおむね次のようなプロット構成をとる。

　まず、物語の冒頭で、一連の出来事の「発端」として「貧乏なおじいさんとおばあさんは、年越しの餅も買えない」という状況が語られる。

〈図7〉

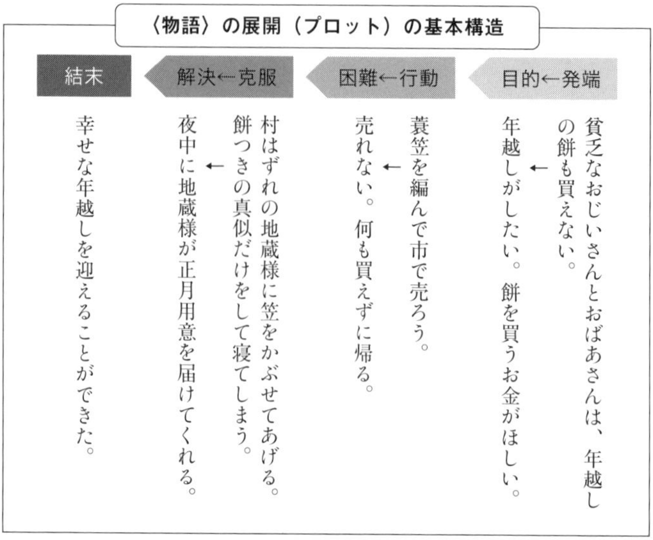

```
〈物語〉の展開（プロット）の基本構造
結末 ← 解決←克服 ← 困難←行動 ← 目的←発端
幸せな年越しを迎えることができた。 ← 村はずれの地蔵様に笠をかぶせてあげる。夜中に地蔵様が正月用意を届けてくれる。 ← 蓑笠を編んで市で売ろう。売れない。何も買えずに帰る。 ← 貧乏なおじいさんとおばあさんは、年越しの餅も買えない。年越しがしたい。餅を買うお金がほしい。
```

　そこでおじいさんとおばあさんには「年越しがしたい」という欲求が生まれ、「餅を買うお金が欲しい」という目的が生じる。そこで、二人は「蓑笠を編んで市で売ろう」という行動に出る。ところが市では「売れない」という困難に直面し、「何も買えずに帰る」という更なる窮状に陥ることになる。ところが、おじいさんは、「村はずれの地蔵様に笠をかぶせてあげる」と家に帰って「餅つきの真似だけをして寝てしまう」という、思わぬ克服法に出る。だが、これが結局よい方向に転じて「夜中に地蔵様が正月用意を届けてくれる」という解決に至る。そして、「幸せな年越しを迎えることができた」という結末を迎えることとなる。

　昔話に見られるこのようなプロット構造は、物語の構造の原型とも言えるものである。すべての物語に過不足なく当てはまるとは言えないが、一つの枠組みとして照らし合わせてみることは有効であろう。

　例えば「ごんぎつね」に当てはめてみると、次のようなプロット構造を捉えることができる。

〈図8〉

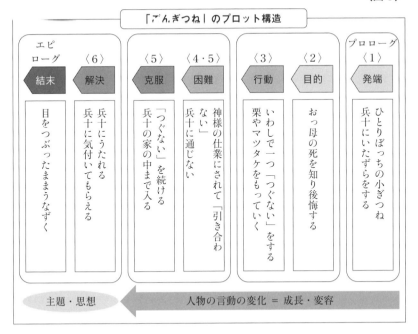

　このようにプロットを捉えることは、物語の世界の在り様や、出来事の意味を解釈していくことであると言える。そして、プロットの進展の中に人物の言動の変化を置いてみることで、人物像の変容や人間としての成長を捉えることができ、それが作品の主題や思想を理解していくことにつながるのである。物語のプロット構造を捉える時、読者には、ストーリーを読む時とはまた違った"物語への向かい方"が求められるのである。

情報の取出し
　ここでは、問題解決につながる語句などを調べて、取り出して整理することを行う。単元を通して"考える問題"とそのために"取り組む課題"は、次のことであった。

> 【考える問題】「ごん」は、いたずらをやめて、ひとりぼっちでなくなるだろうか。
> 【取り組む課題】「ごん」の行動（したこと）を取り出し、その意図（気持ち）を想像して、いたずらかどうかを考えよう。そして、そのことが「ひとりぼっち」でなくなる（友達ができる）ことにつながったか考えよう。

これを「情報の取出し」という学習活動の形にすると、次のようになる。

> 「ごん」の行動（したこと）を取り出し、その意図（気持ち）を想像して、いたずらかどうかを考えて、表にまとめる。

〈表6〉

行動	気持ち	いたずらか？
あなの中にしゃがんでいました。	雨が降っているから、仕方がない。つまらないな。	△分からない。
雨があがると、ごんは、ほっとしてあなからはい出ました。	外に出たかった。ほっとしている。	△いたずらではないが、したいと思ってる。
見つからないように、そうっと草の深い所へ歩きよって	何をしてるのかな。知りたいな。	○いたずらできそうと思ってる。

　なお、ここで取り出した情報を整理することや、そこから考えたことを言葉でまとめること、グループでの発信と交流についても、実際の言語活動として具体的に想定してみることが、言語活動という"教材"を分析、検討することになる。本章では、この後の単元の学習指導過程と、本時の学習指導案の節でふれていくこととする。

> **ワーク2**
>
> 「ごんぎつね」の各場面について、行動と気持ちの取出しの表を作成してみよう。その上で、この学習活動について、気付いたことや考察したことなどをまとめてみよう。
>
> 【ワーク解説】
>
> 　教材分析においては、テキストに傍線を引いて余白に書き込む方法も考えられる。だが、子どもと同じように、表の形にまとめてみることで、指導の見通しをもつことができる。

(4) 単元の学習指導過程をつくる

　前節までの課題設定と教材研究を踏まえて、単元全体の学習指導過程を考えていく。この時に大切なことは、教材研究の成果を全て盛り込もうとしないことである。教材研究では、その教材の可能性を探ることで授業への構想を幅広くもつことができた。しかし、実際の指導では、子どもたちの学力実態やそれまでの学習経験などを考慮して、今すべきことにしぼり込んでいくことが必要になる。

　また、作成に当たっては、学習活動が具体的に想起できるように、できる限り具体的に記述することが重要である。概括的、抽象的な表現では、学習の目標は分かっても、具体的な子どもの活動は見えてこない。学習活動を主軸とした学習指導過程では、最も腐心すべき点である。

〈表7〉

「読むこと」（物語）の学習指導過程
単元名：「読んで考えたことを話し合おう」登場人物の行動や気持ちの変化を捉え、感じたことや考えたことを話し合いましょう。 教材名：「ごんぎつね」新美南吉（光村図書4下　はばたき）
【単元の学習指導目標】 ①登場人物の行動や気持ちを、叙述を基に捉え、その変化を場面の移り変わりと結び付けて具体的に想像する。 ②①で理解したことに基づいて感想や考えをもち、それについて話し合うことで、一人一人の感じ方などに違いがあることに気付く。

【考える問題】「ごん」は、いたずらをやめて、ひとりぼっちでなくなるだろうか。
【取り組む課題】「ごん」の行動（したこと）を取り出し、その意図（気持ち）を想像して、いたずらかどうかを考えよう。そして、そのことが「ひとりぼっち」でなくなる（友達ができたか）ことにつながったか考えよう。

次	過程	時	ねらい	学習活動	知識・技能
第一次	課題設定／文章の概要理解	1	学習目標を確かめ、単元を通して考える問題を設定する。自力で読み通して概要を捉える。	①これまでの物語の学習を振り返って、どのような「物語を読む方法」を学習してきたか確認する。②教科書のめあてを確かめる。③プロローグを読んで、「考える問題」を決める。④場面ごとに「考える問題」の答えを出しながら、全文を読み通す。⑤読み終えたところで、仮の答えをノートに書く。	
		2・3	物語の構造を把握する。	①場面ごとに音読した後、時と場所、主な出来事を三つ程度線で囲む。②線で囲んだことを「物語の組立て」表に書き出す。③表を基にあらすじを話す。	文章全体の構成や内容の大体を意識しながら音読
第二次	情報の取出し・整理	4・5・6	「考える問題」を解決するための課題に取り組む。	①第三次の「話し合い」について、ねらいと内容を確かめる。②「考える問題」を解決するための材料を文章から抜き出して整理する方法を確かめる。③第1場面について、「ごん」の行動から、その時の気持ち（意図）が分かるものを抜き出して、「行動・気持ち・いたずらか？」を項にした表を作成する。④第2場面以降の表をグループで協力して作成する。	行動、気持ちや性格を表す語句の量 必要な語句などの書き留め方 比較や分類の仕方
	問題の解決		整理したことを基に話し合い、自分の答えを見つける。	①前時までに作成した表を基に、「ごん」は、どの場面のどこで「ひとりぼっち」でなくなったかを考える。②グループで話し合い、互いの考えを交流する。③話し合いを通して考えたことをカードに短く書き出す。	
第三次	言葉によるまとめ		自分の答えを人に伝えるために、話にまとめる。	①前時に書いたカードを使って、自分の考えを話す「発表メモ」をつくる。②ペアの人と「発表メモ」を使って、話す練習をする。	考えとそれを支える理由

発信と交流	まとめたことを発表し、互いに感想や意見を交流する。	①グループの中で、自分の考えを話す。 ②グループの人の話を聞く。 ③互いの考えの同じところと違うところを整理する。 ④整理して気が付いたことや感じたことを発表し合う。	
学習の振り返り	学習の方法や手順を振り返り、めあてに沿って自己評価する。	①ノートやワークシートを見せながら、この単元で学習活動してきたことをグループの中で確かめ合う。 ②この学習でできるようになったことをノートに書く。 ③物語を読むことについて、この次にめあてにすることを考えてノートに書く。 ④ノートに書いたことを発表し合う。	幅広く読書に親しみ

2　1時間ごとの学習指導過程

学習指導過程の骨格

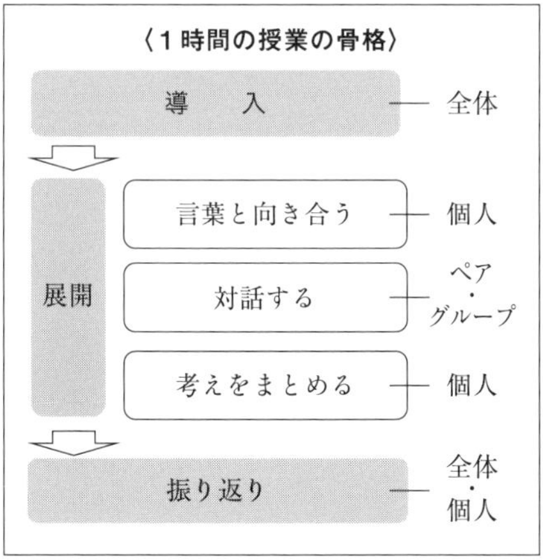

　導入段階では、45分の時間内に、何を、どのように、どこまで行うのかゴールとプロセスを明確に設定する。そして、まずは個々の子どもが自力で取り組んで"仮の"考えをもつ。それを出し合って確かめたり、調整したりする対話を通して、再度個人に戻って自分の考えをまとめる。学習活動の終わりには、学習者としての自分を振り返って、身に付けた知識や技能を確かめて、次の学習での課題を明確にする。

〈図9〉

〈1時間の授業の骨格〉

導入 — 全体

展開
- 言葉と向き合う — 個人
- 対話する — ペア・グループ
- 考えをまとめる — 個人

振り返り — 全体・個人

このように焦点化された簡明な課題に、個→対話→個という流れで取り組むことが、主体的・対話的で深い学びを実現するためのポイントであると言えよう。

学習指導過程の具体例

ここでは、「ごんぎつね」を教材とした単元の、第二次の「情報の取出し・整理」の過程の1時間目（全体では4時間目）を取り上げて、1時間の授業の学習指導過程を考える。基本的には、前節で作成した単元の学習指導過程の該当部分を詳述する形になる。

〈表8〉

過程		学習活動	留意点	知識・技能
導入		①第三次の話し合いのテーマを確認する。 ②その答えを見つけるための手立てを考える。 ③本時のめあてと計画を決める。	・行動から意図や気持ちを想像する方法は、教員から提起する。	
展開	1 言葉と向き合う	①第1場面で「ごん」の意図や気持ちが分かる行動に線を引く。 ②線を引いた行動の中から、「いたずらをやめたか」、「ひとりぼっちでなくなったか」を考えることができる行動を三つほど選ぶ。 ③選んだ行動を赤い付箋に、そこから想像できることを青い付箋に書き出す。	・最初の一、二例は、全体指導で行う。 ・線を引いた箇所をペアで確かめ合う。 ・短い語句で書き出すように指示する。	行動、気持ちや性格を表す語句を選別する。 必要な語句などの書き留め方を知る。
	2 対話する	④グループで付箋を出し合い整理しながら、どの行動からどのような意図や気持ちが想像できるかを確かめる。 ⑤それぞれの行動は、いたずらと言えるかについて話し合う。	・進め方とルールを確かめてから始める。 ・A3用紙に貼り付けてグルーピングさせる。	比較や分類の仕方を知って使う。

【本時の指導目標】
登場人物の行動を表す叙述から、行動の意図や気持ちを想像する。
【考える問題】「ごん」は、いたずらをやめて、ひとりぼっちでなくなるだろうか。
【取り組む課題】「ごん」の行動（したこと）を取り出し、その意図（気持ち）を想像して、いたずらかどうかを考えて、表にまとめる。

3 考えをまとめる	⑥話し合いの結果を基にして、「行動・気持ち・いたずらか?」を項にした表を作成する。 ⑦作った表から、分かったことや考えたことをノートに箇条書きで書く。 ⑧ノートを基にして、この授業で考えたことをペアで話す。	・表はワークシートを用意する。 ・話すためのメモ程度にする。 ・話す時の話型を示す。	表形式で整理する方法を知って使う。 箇条書きでまとめる。
振り返り	⑨今日の授業で行った学習活動を順に整理してペアで確かめ合う。 ⑩今日の課題はどこまでできたか自己評価する。 ⑪今日の授業の感想をノートに書く。	・リレー形式で、学習活動を挙げていく。 ・自己評価表のワークシートを用意する。	

導入

　本時は、第二次の最初の時間である。したがって、導入部分では、最終的なゴールである第三次を意識しながら、第二次ではどのような学習活動を行うのか、しっかりした見通しをもたせておきたい。そのため単元の流れと学習目標を再度確認しておく。

　第三次で考えるテーマは「『ごん』は、いたずらをやめて、ひとりぼっちでなくなるだろうか」である。その答えを見つけるために、第二次では、「ごん」の行動（したこと）を取り出し、その意図（気持ち）を想像して、いたずらかどうかを考えて、表にまとめる学習活動を行っていく。この学習活動の見通しは、これまでの学習経験を想起させながら、まずは子どもに考えさせる。そこに、指導者の助言や指導を交えて、本時のめあてと計画をまとめていく。問題解決的な学習活動の積み重ねが子どもにあり、指導者が学習指導目標を意図的に示していくことができれば、それほど難しいことではない。

言葉と向き合う（展開1）

　「展開」では、問題解決に必要な情報を取り出し、それを基に"話し合う"ことを通して考察したことを表にまとめる学習活動を行う。

　まず、「展開1」では、個々の子どもが自力で文章に向き合う活動を

行う。具体的には、この場面に描かれている「ごん」の行動を見つけて、その中から「ごん」の意図や気持ちが分かるものを選んで線を引く。子どもにこのような学習の経験が少ない場合には、行動を表す表現に全て線を引き、そのあとで意図や気持ちが分かるものを選別するという方法も考えられる。

　人物の意図や気持ちが分かる行動の中から、さらに「いたずらをやめたか」、「ひとりぼっちでなくなったか」を考える手がかりになりそうなものを三つほど選ぶ。"選ぶ"という活動によって、子どもは登場人物の様々な行動を比較、検討し、選別・決定するという主体的な行動を求められることになる。

　選んだ結果は、付箋に書き出すという形で表現する。ここでは、主張とその根拠となる情報を書き分ける。すなわち、行動の表現を赤い付箋に書き抜き、そこから想像できることを青い付箋に書き出す。

　ここまでを個人の活動として行う。これはすなわち、この場面の文章、言葉を対象とした「思考・判断・表現」という思考活動であると言うことができよう。

対話する（展開2）

　ここでは、展開1でもった個人の考えを基にして、「それぞれの行動は、いたずらと言えるか」について、グループでの対話活動で考えを深めていく。

　まず、各自が持っている付箋を、対話のための情報として出し合い整理する。情報が出そろったところで、どの行動からどのような意図や気持ちが想像できるかを話し合い、確かめていく。

　その際、展開1でもった各自の考えは、"仮の考え"であり、ほかの人との対話を通して変わったり深まったりするものであるという姿勢を大切にしたい。自分の意見に固執して我を通すのではなく、相手の話をよく聞き、その考えを取り入れることを基調とした活動となるように指

導したい。

考えをまとめる（展開3）
　話し合いの結果を基にして自分の考えをまとめる活動を行う。その際、グループでの結論には縛られず、自分の考えとして改めてまとめることを目指す。
　まず、話し合いを通してしぼり込んできた「行動」、「気持ち」の中から一つか二つを選び、表に書き込む。その上で、それが「いたずら」に当たるのかを考えて、「いたずらか？」の項に書き入れる。
　表が一通りでき上がったところで、その表と、これまでの活動を通して分かったことや考えたことをノートに箇条書きで書く。
　その後、ノートを基にして、この授業で考えたことをペアで話したり、全体で交流したりする。これが、この時間の学習活動のまとめとなる。

振り返り
　振り返りは、学習を通して"分かったこと"や"考えたこと"をまとめたり、確かめたりすることではない。ここで言う振り返りとは、自分がこの時間に行ってきた学習活動そのものを対象として、その成果や価値について自己評価する活動である。
　そのためにはまず、実際に行った学習活動を"事実"として振り返る。具体的な活動としては、ペア活動として、今日の授業で行った学習活動を順に挙げていき整理して確かめ合う。
　次に、今日の課題はどこまでできたか、自分自身のノートやワークシートを見直して、自己評価する。さらに、それらの学習活動を通して何ができるようになり、どのような力を身に付けることができたのか、すなわち国語の能力についても自己評価を行う。
　この時、いくつかの項目を挙げた"振り返り表"や"自己評価表"を

準備して、書きこませることもある。振り返りの観点を意識させる方法として有効ではあるが、こればかりを続けていると、煩雑で形骸化された活動になってしまう。やがては、それらの表に示された観点を基に、自分なりに短い文章で振り返りをまとめられるようにしていきたい。

　最後に、今日の授業の感想をノートに書く。自己評価が、理知的な作業であるのに対して、ここでは「おもしろかった」とか「できるようになってうれしかった」などの感情、感覚的なことを含めた素直な感想を書かせておきたい。学習を通して得た知的な感動や、自分なりの達成感などを言葉として捉えて表現し、互いに認め合うことは、学びの意欲や主体的な態度を支える"情意"を形成していく上で欠かすことのできないことである。

> **ワーク３**
>
> 　上に示した学習指導過程に即して、学習活動を実際にやってみよう。一通りの学習活動を終えたら、子どもの立場から学習指導過程について気付いたことなどを述べてみよう。
>
> 【ワーク解説】
> 　４年生の子どもの読む力や語彙を想定しながら活動を進めることが必要である。付箋やノートなどを準備し、実際の授業と同じ活動をしてみることが、授業づくりのポイントである。

3　学習評価の方法

学習評価の目的

　子どもの学習状況を評価することには、大きく二つの目的がある。

指導に生かす

　指導者は、実際の授業の中で子どもの学習の様子を常に把握して、その状況に応じて指示や問いを発したり修正したりしている。また、子どものノートや言語活動の様子を捉えて、必要な指導や支援を行っている。その時間の目標に向けて、子どもの学習状況が望ましい方向や状況で進められているかを判断し、授業を軌道修正したり、個々の子どもの学習活動を方向付けているわけである。これがすなわち、「指導と評価の一体化」や「評価と指導の往還」と言われる評価の在り方である。

学習の成果を価値付ける

　一時間の授業や、ある課題に向けて取り組まれた一連の学習活動が終わった時、指導者は、その時の目標が達成されたかどうかを判断し、一定の規準で価値付ける。学習活動を終えた後、成果に対して下される評価であり、"通知表"や学習指導要録に反映される評価である。子どもは、その評価を受けて、自らの学習成果を外側から捉え直し、自分の学力・能力の状況を客観的に捉えることになる。また、子どもたちの学習成果は、指導者にとっては自らの学習指導の結果であり、成果や課題を分析していく根拠となるものである。

　国語科の学習指導に当たっては、この二つの評価を明確に区別して捉えることが重要である。一時間の授業の中では、子どもたちの言語活動を指導・支援するための評価を個々の子どもに寄り添いつつリアルタイムに行う。そして、単元末には、学習の成果を結果として厳密に価値付けて評価し、子どもに返していくことで次の学びへつないでいく。そのような評価活動が子どもを主体的な学び手として育てていくことにつながっていく。

目標に準拠した評価

　テストの点数や数値化した成果物の評価を学級などの集団で集計、序列化し、個々の子どもがどの位置にいるか、すなわち集団内での順位

基づいた評価を「集団に準拠した評価」、もしくは「相対評価」という。

　これに対して、子どもの学習状況あるいは学習成果を、その学習活動の目標が達成されているか否かということに基づいて評価する方法を「目標に準拠した評価」という。現在、小学校では、この方法によって学習評価が行われている。

　目標に準拠した評価を行うためには、まず、その単元や一時間の授業の目標が明確に設定されなければならない。さらに、子どもがどのような学習状況であれば、目標が達成できたと判断するのか、その拠り所となる規準をより具体的に設定しなければならない。この規準が「評価規準」である。

評価規準の設定

　評価規準は、まず、学習指導要領の目標、内容、指導事項に則して設定することが必要である。その学年に求められている学習活動、能力に則した無理のない規準とするために、特に留意すべきところである。

　評価規準の設定に当たっては、まず、一時間の授業のどの場面、どの内容を捉えて評価するのか、対象とする学習活動を焦点化する。本時の目標の中核となる学習活動であり、かつ、確実に評価を行うことができる場面を選定する。評価の対象となる学習活動は、授業の終末だけに限らず、途中のグループ活動やノートやワークシートへの記述、発言の内容などの様々な対象が考えられる。

　次に「学習状況」を「具体的に想定」する。そのためには、「人物の気持ちを読み取っている」といった方向的、総括的な表現では、判断規準を示したことにはならない。「『ごん』の気持ちを本文の語句に即してノートに三点書いている」など、実際の子どもの学習活動や姿として表記していくことが、何よりも重要である。

判断の基準

評価規準は、学級の子ども全員が到達すべき状況である。したがって、本来は、全員が"達成できた"となることが理想である。しかし、実際の指導場面では、目標を達成できていない子どもや、逆に想定した目標を超えてしまう子どもがいる。そこで、評価規準に加えて、達成状況の程度を判断する基準を設定しておくことが必要になる。

〈十分満足できると判断される状況〉

評価規準に照らして学習の実現状況の程度から、その高まりや深まりが見られると判断される状況である。具体的には、「評価規準」に何が加われば、高まりや深まりが見られる状況なのかを想定する。その際、「より豊かに」や「より詳しく」などの抽象的な表現は避けて、例えば、「根拠を二つ以上示して『ごん』の気持ちを書いている」など、判

〈図10〉

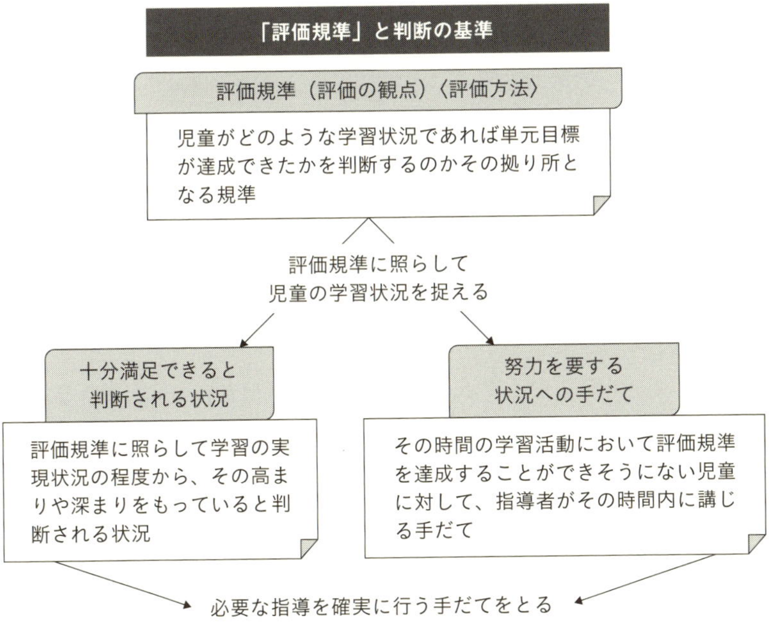

「評価規準」と判断の基準

評価規準〈評価の観点〉〈評価方法〉
児童がどのような学習状況であれば単元目標が達成できたかを判断するのかその拠り所となる規準

↓ 評価規準に照らして児童の学習状況を捉える

十分満足できると判断される状況	努力を要する状況への手だて
評価規準に照らして学習の実現状況の程度から、その高まりや深まりをもっていると判断される状況	その時間の学習活動において評価規準を達成することができそうにない児童に対して、指導者がその時間内に講じる手だて

→ 必要な指導を確実に行う手だてをとる ←

断可能な内容にすることが重要である。

〈努力を要する状況への手だて〉

　評価規準を達成することができそうにない子どもを想定し、その状況と、指導者が講じるべき手だてを明確にしたものである。学習課題について、どのようなつまずきが予想されるかをあらかじめ具体的に想定し、それに応じた適切な手だてを用意しておくことで、的確な指導を行うことができる。そのためには、「文章をよく読んで考えるようにする」などのような曖昧な内容ではなく、「『ごん』の行動を表した言葉を確認し、そこから様子を想像させ、短い言葉で書かせる」など、実際の学習活動につながる「手だて」にすることが重要である。

学習評価の具体的な方法

〈一時間授業の評価〉

　一時間の授業で行う評価活動は、基本的には次のように進める。

①評価規準に照らして全員を評価する

　実際には、個別学習やグループ活動を行っている時に、机間指導を行い、ノートの記述に目を通したり、活動の様子を観察したりすることで状況を把握していく。ここでは、全体の状況を把握することと、「努力を要する状況」になりそうな子どもの状況を捉えることに主眼を置いて、子どもの様子を見ていく。

　なお、この時、評価を記録するために、座席表に全員の評価を記入していくことも考えられるが、これは煩雑で時間が掛かり、学習活動の流れを止めてしまうこともある。指導のための評価としては、机間指導で子どもの様子を一通り把握することが重要であろう。

②「努力を要する状況」にある子どもへの個別の指導・支援

　机間指導で把握した「努力を要する状況」にある子どもへ、個別指導・支援を行う。評価規準に合わせて想定しておいた内容が基本になるが、子どもの状況に合わせて適切な指導・支援が必要になる。ただし、

ここでの個別指導はできる限り短時間で要領よく行い、一人の子どもにかかりきりになって、全体の状況を見失わないように十分注意する必要がある。

③学級全体へ、評価の概要をフィードバック

評価の対象とした学習活動が一通り終わった段階で、学級全体に評価の概要をフィードバックする。例えば「ほとんどの人が『ごん』の行動について、三つ以上書くことができました」や「『ごん』の気持ちを具体的に想像して言葉にしている人がたくさんいて、感心しました」など、学級としてどのような成果が得られたのかを簡単に伝えていく。

④評価規準を達成した子どもの学習状況を紹介・共有

評価のフィードバックの一環として、評価規準に達した学習成果を二、三例、全体に紹介する。子どもを特定せずに、指導者がいくつかの例を紹介したり、指名した子どもに発表させたりして、目標が達成された状況を具体的に確認し、共有する。時間があれば「十分満足できる状況」の例も紹介する。この時、大事なことは、紹介する例は指導者が決めて、子ども任せにはしないことである。この授業で目指していたことはどのようなことだったのか、指導の一環として指導者自らの責任で明確にすることが重要である。

〈学習過程ごとの評価〉

学習過程ごとに、ひとまとまりの学習活動を終えた時点で、その成果を評価する。この時の評価の対象は、「文章全体を概観してあらすじをまとめる」や「グループで情報を整理し、考えたことをまとめる」といった学習活動であり、そこでの成果物である「あらすじ」や「自分の考え」を記述したノートやワークシートを資料として評価することになる。

評価の方法は、一時間の評価と同様に、あらかじめ評価規準を定めて、達成状況の程度を判断する。実際には、授業を終えた後に提出させたノートやワークシートを時間をかけて評価していくことになる。評価

の結果は記録に残して、単元全体の評価につないでいく。また、次の授業で個々の子どもにフィードバックする。

「主体的・対話的で深い学び」の実現を目指した授業改善の取り組みとして、ひとまとまりの学習活動を評価することは、今後ますます重要になってくる。一時間の授業の中での、指導に生きる評価に加えて、充実させていきたい点である。

〈単元全体の評価〉

ここでは単元全体の学習指導目標について、その達成状況を評価する。単元の最終段階で作成した感想文やレポートだけを資料として評価することも考えられるが、結果のみの評価ではなく、学習の過程も含めた評価となるようにしたい。

方法としては、単元の目標に照らしつつ、学習過程ごとに行ってきた評価を積み重ねて、学習活動全体を総括的に評価することが最も妥当であろう。例えば、「文章の概要把握としてあらすじのまとめは十分ではなかったが、グループでの活動を通じて理解を深め、人物の行動から想像したことを基に自分の考えをまとめることができた」など、学習過程ごとの成果をつないで目標達成の状況を捉え、「おおむね満足できる状況」であると評価することなどが考えられる。

ここでの評価も、子どもにフィードバックすることが重要である。できれば、単元が終了した後なるべく早い段階で、短くてもいいので、指導者による的確な評価を伝え、自己評価と併せて、学習活動を振り返らせておきたい。

<参考資料>

国立教育政策研究所「評価規準の作成、評価方法等の工夫改善のための参考資料（小学校）（中学校）」2011年11月

4 学習指導案の作成

学習指導案の機能と作成の意義

　前章までに考察してきた学習指導過程は、いわば、単元の学習指導の骨格である。実際の学習指導に当たっては、単元目標や指導上の留意点、学習指導の形態、評価の観点、教材・資料など、授業場面を想定した具体的な内容を盛り込んだ設計図もしくは進行表が必要になる。その機能を果たすのが学習指導案である。

　また、学習指導案は、授業実施後には、授業や学習指導の記録資料としての役割も果たす。授業の後に学習指導案に沿って授業を振り返り、子どもの発言や反応、修正した部分を書き込むことで、授業の組み立てや指導の方法などを省察することができる。

　さらに、学習指導案は、授業研究の資料としての機能も担う。授業研究の場では、学習指導案を手に公開授業を参観し、授業の後の検討会では、学習指導案に沿った議論が行われる。また、後日レポートなどにまとめる場合でも、学習指導案はその中心的な位置を占めることになる。

学習指導案の形式・様式

　学習指導案には、国として定められた共通の形式・様式はない。学校あるいは指導者が、教科の特性や、自校の研究方針や指導方法に合わせて、独自に作成するものである。そのため、同じ国語科であっても、地域や学校によって様々な形式や様式が存在しているのが実状である。

　ただし、自治体によっては、基準となる形式や様式をモデルとして示しているところも少なくない。学習指導案の作成に当たっては、勤務する自治体の教育委員会や学校で示されている形式・様式を確認し、それを基本にしつつ、研究課題に則して必要な工夫を加えていくようにする。

学習指導案の全体構成

学習指導案に記載すべき内容と留意点は、以下のとおりである。

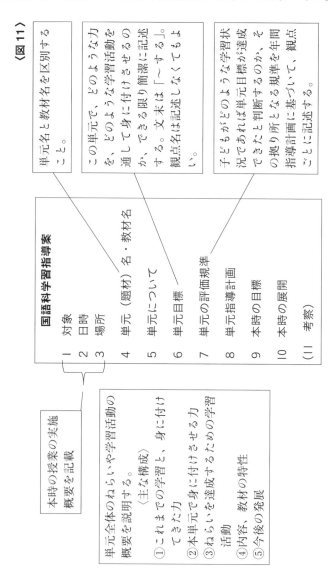

〈図11〉

単元指導計画の作成例

8 単元指導計画

- 学習指導要領の学習指導過程に即して設定する。 → 「次」「過程」
- その時間の学習指導の内容とねらいを簡潔に記述する。 → 「ねらい」
- 学習活動の流れを詳しくなりすぎないようにまとめる。 → 「学習活動」
- 1時間の評価規準を記述する。観点を明示する。 → 「評価規準」
- 指導者の立場から、特に留意することや、ねらいを記述する。 → 「指導上の留意点」

次	過程	時	ねらい	学習活動	指導上の留意点	評価規準
第一次	課題設定・文章の概要理解	1	学習目標の設定をする自力で読み通して概要を捉える	・教科書のめあてを元に学習目標を設定する。 ・プロローグを読んで、「考える問題」を決め、答えを考えながら、全文を読み通す。	・「考える問題」と「取り組む課題」を明確にする。 ・場面で区切りながら、自力で読めるようにする。	自力で読み通し、自分なりの答えがもてている。（関・意・態）
		2・3	物語の構造を把握する	・時、場所と、主な出来事を三つ程度線で囲む。 ・線で囲んだことを「物語の組立て」表に書き出す。 ・表を基にあらすじを話す。	・主な出来事を中心にワークシートにまとめさせる。	文章全体の構成や内容の大体を意識しながら音読している〔知・技〕
第二次	情報の取出し・整理	4	「考える問題」を解決するための課題に取り組む	・第一場面について、「ごん」の行動から、その時の気持ち（意図）が分かる文言を抜き出して、「行動・気持ち・いたずらか？」を項にした表を作成する。	・「考える問題」を明確にし、個人で取り組んだ後、グループで話し合い解決させる。	気持ちを表す表現を抜き出し、適切に表を作成している（読む）
		5・6		・第二場面以降の表をグループで協力して作成する。	・第4時の学習活動を自力で進められるようにする。	

本時の展開

10 本時の展開（4/9）

過程	ねらい	学習活動	形態	指導上の留意点	評価
導入	めあての設定	・本時のめあてと活動の手順を確かめる。	一斉	・行動から意図や気持ちを想像する方法は、指導者から提起する。	
		「ごん」の行動（したこと）を取り出し、その意図（気持ち）を想像して、いたずらかどうかを考えて、表にまとめよう。			
展開	1 言葉と向き合う　情報を取り出す	①1場面で「ごん」の意図や気持ちが分かる行動に線を引く。	個別	・最初の一、二列は、全体指導で行う。	**評価規準**　本文の語句を使って表の項目に二つ程度記入している。（読む）〈ワークシートの表〉
		②線を引いた行動の中から、「いたずらをやめたか」「ひとりぼっちでなくなったか」を考えることができる行動を三つほど選ぶ。	個別ペア	・線を引いた箇所をペアで確かめ合う。	
		③選んだ行動を赤い付箋に、そこから想像できることを青い付箋に書き出す。	個別	・短い語句で書き出すように指示する。	
	2 対話する　情報を整理して考える	④付箋を出し合い整理しながら、どの行動からどのような意図や気持ちが想像できるかを確かめる。	グループ	・進め方とルールを確かめてから始める。	**十分満足できると判断される状況**　適切な考えを三つ以上記入している。
		⑤それぞれの行動は、いたずらと言えるかについて話し合う。	グループ	・A3用紙に貼り付けてグルーピングさせる。	
	3 考えたことをまとめる	⑥話し合いの結果を基にして、「行動・気持ち・いたずらか？」を項にした表を作成する。	個別	・表はワークシートを用意する。	**努力を要する状況への手だて**　選んだ語句が行動を表しているかを確認してから、気持ちを想像するように助言する。
		⑦作った表から、分かったことや考えたことをノートに箇条書きで書く。	個別	・話すためのメモ程度にする。	
		⑧ノートを基にして、この授業で考えたことを話す。	ペア	・話すときの話型を示す。	
振り返り	自分の学びを評価する	⑨今日の授業で行った学習活動を順に整理して確かめ合う。	ペア	・リレー形式で、学習活動を挙げていく。	
		⑩今日の課題はどこまでできたか自己評価する。	個別	・自己評価表のワークシートを用意する。	
		⑪今日の授業の感想をノートに書く。	個別		

注釈：
- 「過程」に学習活動のステップを設定する。
- 子どもの立場で、子供に提示する言葉で記述する。
- ○番号を付して、学習活動を具体的に想起できるように、できる限り詳しく記述する。
- 学習活動の形態を、活動ごとに記述する。
- ワークシートや資料は、留意点の欄に記入する。
- 「評価規準」は、学級全員に到達させたい具体的目標を子どもの姿として記述する。
- 「評価規準」を満たし、さらに発展的な状況を想定して記述する。
- 実際の指導・支援を想定して記述する。

第3章
基本となる言語活動の学習指導過程

本章では、各領域の学習指導過程について、基本型となるものを示し、授業づくりの方法や留意点を考えていく。

1　説明的な文章を読む（読むこと）

　説明文を教材とした読むことの学習指導過程は、**課題設定→文章の概要理解→情報の取出し・整理→問題の解決→言葉によるまとめ→発信と交流**、というステップで進められる。文章を読む言語活動として、物語を読む場合と基本的には同じ学習過程となる。ただし、読む対象となる文章の構造や内容の違いから、課題の設定や文章の概要理解の方法などが、説明文の特質に即した独自のものとなる。

　そこで本章では、まず説明文という教材の特質を捉えるために「説明文の構造」について概説する。その上で具体的な教材に則した学習指導過程について考えていくこととする。

(1) 説明文の構造

　説明文の構成といえば、「はじめ・中・おわり」という三部構成が一般的である。しかし、実際のところ、このようなおおざっぱな捉え方では、説明文の特質に則した理解には役立たない。文章の各部分が互いにどのような関係にあり、全体としてどのような構造を成しているのか、〈表9〉に示すような構造分析が必要である（教材は小野恭靖「言葉で遊ぼう」『国語三上　わかば』光村図書）。

〈表9〉

題	話題	問い	事例① トピック	事例① 例示・解説	事例① まとめ・考え	事例② トピック	事例② 例示・解説	事例② まとめ・考え	事例③ トピック	事例③ 例示・解説	事例③ まとめ・考え	答え・結論	主張
言葉で遊ぼう	みなさんは、しりとりや早口言葉で遊んだことがありますか。これらは、古くから多くの人に親しまれている言葉遊びです。	言葉遊びには、ほかにどのようなものがあるのでしょうか。	にた音や同じ音の言葉を使って文を作るのが、しゃれです。	たとえば、「ふとんがふっとんだ」「イクラはいくらだ」がそうです。しゃれは、「ふとん」と「ふっとんだ」や、食べ物の「イクラ」と数やねだんをたずねる「いくら」のように、にた音や同じ音の言葉を使って作られます。言葉には、にた音や同じ音であっても、意味がちがうものがあります。	しゃれには、言葉のもつ音と意味とを組み合わせるという楽しさがあるのです。	上から読んでも下から読んでも同じになる言葉や文が、回文です。	回文には、「きつつき」や「しんぶんし」のような短い言葉もあれば、「わたしたわしわたしたわ。」のように長い文のものもあります。回文になっている言葉や文を見つけたり、自分で作ったりする楽しさがあります。回文は、長くなればなるほど、作るのがむずかしくなりますが、できたときのうれしさも大きくなります。	言葉を作っている文字のじゅんばんをならべかえて、べつの言葉を作るのが、アナグラムです。	たとえば、「とけい」をならべかえると、「けいと」という言葉ができますし、「くつみがき」をならべかえると、「実がつく木」というひとまとまりの言葉ができます。	アナグラムには、元の言葉とはまったくちがう意味の言葉を作る楽しさがあるのです。	このように、言葉遊びにはいろいろあり、それぞれに楽しさがあります。言葉遊びをするのには、とくべつなどうぐや、広い場所はいりません。ふだん使っている言葉だけで、楽しい時間をすごすことができるのです。	人々は、むかしから言葉遊びを通して、言葉のおもしろさにふれてきました。あなたも、言葉遊びを楽しんでみましょう。

題

　説明文では、題によって、取り上げた事物や事柄、事象、また伝えた

いことの中心などが端的な表現で表されている。分析に当たっては、題名に込められた筆者のねらいと工夫を捉えることが必要である。そのために、何について、どのようなことを、どのような態度で述べようとしているのかを視点として題の文言を分析する。例えば、「言葉で遊ぼう」という題からは、「言葉」が主たる対象であり、「言葉」を使って"遊ぶ"ことを説明しようとしていることが分かる。さらに、「遊ぼう」という呼びかけからは、事柄の説明だけでなく、読者をそこへ誘おうとする姿勢がうかがえる。このように、題のところでいったん立ち止まって考えてみるだけで、文章への見通しをもつことができる。

話題
　説明文の冒頭の段落では、これから何について説明しようとしているのか、話題が示される。この説明文では、まず「みなさんは、しりとりや早口言葉で遊んだことがありますか」と具体例を挙げて、「これらは、古くから多くの人に親しまれている」と解説を加えている。その上で、「しりとり」と「早口言葉」を「言葉遊び」という一般化した抽象度の高い言葉で括っている。つまり、この部分の叙述の中心となるのは、より抽象度の高い「言葉遊び」という文言であり、これがこの説明文の話題となる。このように、具体例→解説→抽象度の高い概念語という論述の進め方は、話題提示の典型的な形と言えよう。たった二文だが、そこに含まれている三つの要素を読み分け、何が重要なのかを見抜くことが説明文を読む力の最も基礎的な部分であると言えよう。

問い
　話題（何について）を示した後、「問い」が示される。低学年の教材では、「〜でしょうか」という文末で明示されることが多い。この説明文では、「言葉遊びには、ほかにどのようなものがあるのでしょうか。また、どのような楽しさがあるのでしょうか」が「問い」に当たる。

「問い」は、読者に向ける形で書かれているため、読者の経験や知識を喚起させて、主体的な読みの姿勢を誘う働きがある。しかし、説明文における「問い」にはもう一つ大事な機能がある。その説明文で展開される解説や思考、論証の焦点を示す機能である。

　「問い」にある「どのようなもの」とは、「言葉遊び」の名称や種類のみを問うたものと理解することもできる。その場合は、「『しゃれ』や『回文』などがあります」という答えで済んでしまう。あるいは、「どのようなもの」が指す意味を方法やルールなど具体的な在り様も含んだ問いと解釈すれば、「しゃれ」のやり方やルールの解説がその答えとなる。

　だが、この説明文では、「どのような楽しさ」という問いが重ねられている。そのことによって、説明文全体に課せられた「問い」、すなわち、解明すべき問題は、「楽しさ」ということに焦点化される。このことによって、筆者の問題意識が一つ一つの言葉遊びの具体的な解説よりも、言葉遊びの共通の楽しさとはなんだろう、という本質的なところに向けられていることが捉えられる。

　このように問いを二つ重ねることは、説明文ではよく見られることである。一つ目の問いで、説明、解説することの焦点を示し、二つ目の問いで、考察、論考する課題を示す。このことによって読者は、文章のどこに目を向けて何を考えながら読んでいけばいいのか、見通しをもつことができる。「問い」は、冒頭部分で読者の読みを方向付ける役割を果たしているのである。

答え・結論
　冒頭の「問い」に対しては、次の段落からその答えが順次述べられていく。〈表9〉では「事例①」「事例②」「事例③」がそれに当たる。内容の上では、この部分が実質的な答えになる。だが、冒頭の「問い」に直接対応する答えや結論は、最後尾の段落にある。この二つは、〈表10〉のように呼応している。

〈表10〉

問い	答え・結論
言葉遊びには、ほかに<u>どのようなもの</u>があるのでしょうか。	このように、言葉遊びには<u>いろいろあり</u>、
また、<u>どのような楽しさ</u>があるのでしょうか。	<u>それぞれに楽しさがあります。</u>
（言葉遊びの楽しさに共通すること、つまり本質は何か。）	言葉遊びをするのには、とくべつなどうぐや、広い場所はいりません。<u>ふだん使っている言葉だけで、楽しい時間をすごすことができるのです。</u>

　文章を前から順次読んでいく場合は、冒頭の「問い」に対する答えは、続く段落の「事例①」「事例②」「事例③」に書かれており、読者はそれを順次理解していくことになる。そして、最後の部分で、それまでに理解したことを総括的に振り返って、より抽象度の高い「答え・結論」としてまとめ、文章全体の主旨を理解する。一般的に説明文を読んで理解していく過程は、このようなことであろう。だが、説明文の構造を捉えるためには、まず、冒頭の「問い」とそれに対する文章全体の「答え・結論」を対応させて、その呼応関係を分析することも可能である。そのことによって、説明されている内容のどこに焦点を当てればいいのか、また筆者の意図や主旨はどこにあるのかといった文章構造の背骨に当たるようなものを捉えることができる。

事例①・事例②・事例③ ＝ 説明・解説
　三部構成で言えば、「中」に当たる部分である。ここでは、冒頭の問いに対する答えとなるものが、具体的な事例を挙げて筋道立てて述べられている。この説明文では、それぞれの段落はトピック→例示・解説→まとめ・考え、と三つの段落で事例が述べられている。
　トピックとは、その形式段落（パラグラフ）で何について説明するのか、話題を端的に示したものである。「事例①」では「にた音や同じ音

の言葉を使って文を作るのが、しゃれです」がこれに当たる。次に「ふとんがふっとんだ」「イクラはいくらだ」という例を挙げ、それを「にた音や同じ音の言葉を使って作られます」と解説し、最後に「しゃれには、言葉のもつ音と意味とを組み合わせるという楽しさがあるのです」とまとめている。これから何について述べるかを明確に示した上で、具体的な例を挙げてその仕組みや意味を解説し、最後に伝えたいことの中心をズバリと述べている。

　続く事例②・③でも論述の進め方は同じである。すなわち、この説明文では、トピック→例示・解説→まとめ・考え、という論述の進め方により、説明の"筋道"として意図的に文章が整えられているということである。

主張

　冒頭の「問い」に対する答えや結論は、すでに述べられており、論理的な構成の上ではすでに完結している。その後に付け加えられるのが、「主張」である。

　この説明文では、「題」の「言葉で遊ぼう」に呼応する形で、最後に「あなたも、言葉遊びを楽しんでみましょう」とまとめられている。筆者の意図を踏まえて文章を読むならば、最後の「主張」こそ、その説明文の眼目であり、指導の上でも大切に扱われるべきであろう。

　だが、そのためには、そこまでの論述と「主張」が論理的に整合している必要がある。この説明文では、「あなたも、言葉遊びを楽しんでみましょう」の前に「人々は、むかしから言葉遊びを通して、言葉のおもしろさにふれてきました」という一文が置かれている。「言葉のおもしろさ」については、そこまでの論述で十分ふれられてきている。しかし、「むかしから言葉遊びを通して」については、冒頭の段落で「古くから多くの人に親しまれている」と書かれているだけで、「事例」の中では特にふれられていない。にも関わらず、「むかしから」を論拠とし

て「あなたも、言葉遊びを楽しんでみましょう」と言われても、読者は違和感を感じてしまう。

　一方、論理的なつながりはなくとも、「主張」は、それまでの論述で述べた内容を一般化し、読者の視野を広げるところに意図があると考えることもできる。小学校の説明文教材は、字数も限られており、分かりやすく伝えるために個別で具体的な内容が論述の中心になっている。だが、筆者が伝えたいことは、具体的な事象にあるのではなく、そこにあるものの見方や考え方、人としての生き方のような抽象的で概念的なものである。それを最後に「主張」として述べることで、一般化を図り、読者の視野を広げようとしているのである。

ワーク4

　４年生の説明文教材から一つを選び、文章構成図を作成することで教材分析をしてみよう。〈表９〉を参考にして、図の形式や、用語についても自分なりに工夫して作成しよう。表には、解説を付しておこう。

【ワーク解説】

　次のような手順をとることで、説明文の構造を分析することができる。
①題と冒頭の段落から「話題」と「問い」に当たる文言を見つける。
②終末部分から「答え・結論」に当たる文言を見つける。
③各段落の第一文「トピック」にざっと目を通し、事柄ごとにまとまりを付ける。
④「事例」の中の「説明の筋道」を分析し、例示・説明・解説・根拠・理由・論証などの言葉で構造を示す。
⑤「主張」の論理性、妥当性を検討する。
　表を作成した後に、用語や、構造上の特徴などを解説として簡

単にまとめる。

(2) 説明文「言葉で遊ぼう」を読む学習指導過程

ここでは、説明文教材「言葉で遊ぼう」を取り上げて、読むことの学習指導過程を具体的に考えていく。なお、教科書では「まとまりをとらえて読み、かんそうを話そう」という単元名で、二つの説明文がカップリングされた単元の第一教材として位置付けられている。本書では独立した教材として扱い、教科書に示された流れとは別に、中学年の説明文教材の学習指導過程の一つのモデルとして示したい。本書では、以下のように単元名、単元目標等を設定する。

【単元名】 説明文を読んで考えたことを伝えよう
【単元目標】言葉遊びについて書かれた説明文を読んで、その楽しさについて自分の考えをもち、伝えよう。
【教材名】 言葉で遊ぼう・・・　　　　光村図書・・・
【学習指導目標】
①文章を読んで理解したことに基づいて、自分の考えを述べる。
②考えとそれを説明する事例との関係を捉えて、文章理解に生かす。
③中心となる語や文を見つけて、文章を要約する。

単元の学習指導過程は、次の通りである。

〈図12〉

「読むこと」（説明文）単元の学習指導過程

次	段階	学習活動	内容	区分
第一次	課題設定		単元を通して考える問題を設定し、解決する手だてを考えて、見通しと学習目標を設定する。	
第一次	文章の概要理解	文章の大枠を捉える	題と冒頭部分から話題と問い、終末から答えを見つけて、大枠を捉える。	構造と内容の把握
第一次	文章の概要理解	説明の筋道を捉える	一つ目のトピック（段落）の説明の筋道を捉える。	構造と内容の把握
第一次	文章の概要理解	筋道に沿って読み進める	説明の筋道に当てはめて、トピック（段落）を読み進めて内容を理解する。	構造と内容の把握
第一次	文章の概要理解	文章全体を要約する	文章の組立に沿って、文章全体を要約する。	構造と内容の把握
第二次	情報の取出し・整理	重要語句を取り出す	問題解決（言葉遊びの楽しさ）につながる語句を取り出す。	精査・解釈
第二次	情報の取出し・整理	順位付けて整理する	情報（楽しさ）を順位付けして、その理由を考える。	精査・解釈
第二次	問題の解決		グループで話し合ってほかの人の考えを知り、自分の考えを決める。	考えの形成
第三次	言葉によるまとめ		学習課題（言葉遊びの楽しさ）について、自分の考えを文章に書く。	考えの形成
第三次	発信と交流		まとめた文章を基に自分の考えを発表し、感想や意見を交流する。	共有
第三次	学習の振り返り		学習の方法や手順を振り返り、めあてに沿って自己評価する。	

課題設定

　読むことの学習活動では、教材を読み取ること自体が最終的な目的ではない。何かの目的のために、一つの情報として説明文を読み、そこから得たことを基にして問題を解決していく過程を設定することが、「主体的・対話的で深い学び」を実現することになる。

　本単元では単元名を「説明文を読んで考えたことを伝えよう」とした。これを教材に即して単元目標としてまとめると「言葉遊びについ

書かれた説明文を読んで、その楽しさについて自分の考えをもち、伝えよう」ということになる。

　このような目標を基に、課題設定の過程では、単元を通して考える問題を設定し、解決する手だてを考えて見通しと学習目標を設定する。具体的には、次の三つを子どもに考えさせて設定することになる。

　ア）**単元を通して"考える問題"**
　　「言葉遊びの楽しさとは、どのようなことだろう。それを伝えるにはどうすればいいだろう」
　イ）**それを解決するために取り組むべき"課題"**
　　「文章から、言葉遊びの楽しさを取り出して、自分の考えをまとめ、伝え方を考える」
　ウ）**身に付けるべき国語の能力に関わる"学習目標"**
　　◇文章を読んで「言葉遊びの楽しさ」とは何かを理解する。
　　◇文章から必要な情報を取り出して、自分の考えをまとめる。
　　◇伝え方を工夫して、自分の考えを人に伝える。

文章の概要理解
〈文章の大枠を捉える〉
　題と冒頭部分から話題と問いを見つけ、それに対応する答えを終末部分から見つける。この文章では、何を話題として、どのような問いにどのように答えているのか、文章の論理構成の大枠を捉える学習活動である。教材に即した分析は、前節で述べているので、ここでは省略する。
　具体的な学習指導としては、まず、題→第一段落を読んで、話題と問いを見つける。次に、第二段落から第四段落は読まずに、第五段落を読んで問いに対する答えと主張を見つける。前節で示した構造図に準じて、〈表11〉のようなワークシートを用意し、そこに重要語句（キーワード）を書き入れていくことで、読み取った情報を整理することができる。

〈表11〉

題	①		②			③			④			⑤	
話題	問い	トピック	れい・説明	まとめ考え	トピック	れい・説明	まとめ考え	トピック	れい・説明	まとめ考え	答え	主張(しゅちょう)

　ここでの指導は、板書に教材文を掲示し、それを指し示しながら進める。この形の学習活動に慣れてくれば、子どもの個別学習で進めていくことも可能だが、それまでは用語や要領を理解して使えるようになるまで、具体的で丁寧に指導することが欠かせない。

〈説明の筋道を捉える〉
　問いに対する説明の筋道について、一つ目のトピック（第二段落）の説明を詳しく捉える。「トピック」、「れい・説明」、「まとめ・考え」などの用語を具体的に記述に即して解説する。併せて、重要語句を見つけて線を引くことや、それをワークシートに書き出すことについても指導する。ここでは、指導者の説明を聞き、理解していく学習活動が主となる。これは、この後の個別の学習で使う方法であり、子どもの主体的な学習活動を成立させる基盤とも言える部分である。ここでも、丁寧な指

導を心がけたい。

〈筋道に沿って読み進める〉

　第二段落で学習した筋道に沿って、次のトピックを読み、ワークシートに書き出していく。この過程では、子ども一人一人が直前に学習した方法を使って文章に向かい、説明の筋道（論理の構成）に沿って内容を理解していく。指導者は、教室全体の進行状況を把握しつつ、個別指導が必要な子どもに寄り添い支援を行う。

〈文章全体を要約する〉

　第二、三、四段落のトピックについて、内容理解とワークシートへの書き出しが終了した時点で、文章の概要はほぼ捉えられていることになる。ここでは、それを確かめるために文章全体の内容をおおまかに要約する。ただし、要約という言語活動は、学年段階やその学級の状況により、どのような形で行わせるのか、適切に判断する必要がある。最も難しいのは、文章でまとめる方法であろう。ワークシートに記載した重要語句をつないで文章として整えていけばいいのだが、これがなかなか難しい課題である。

　そこで、要約の文章の一部を指導者が書いて示し、子どもはそれに倣いながら残りの部分を書き上げていくという方法が考えられる。この時、指導者が作成する"一部"とは、書き出しとまとめだけを書く、前半だけを書く、一部を穴あきにして示すなど、様々な形が考えられる。あるいは、ワークシートを見て、およその内容を話してみるという学習活動も可能であろう。いずれにしても、学級の子どもの実態に即して、要約の文章が書ける力を少しずつ伸ばしていけるようにしたいところである。

情報の取出し・整理

　文章の概要を把握した後、第二次の学習活動では、「単元を通して"考える問題"」の解決を図る。この過程では、自分の考えをつくるため

に必要な情報を取り出し、それを操作可能なように整理する。

〈重要語句を取り出す〉

本単元の"考える課題"は、「言葉遊びの楽しさとは、どのようなことだろう」であった。そこで、前次の学習で完成させたワークシートから、「言葉遊びの楽しさ」を端的に示した重要語句とその具体例を、右のようなカードに書き出す。カードは、第二、三、四段落に対応させた三枚を作成する。

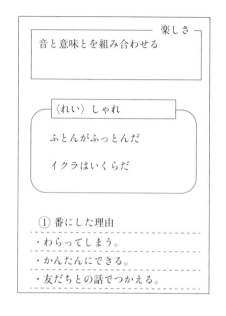

〈順位付けて整理する〉

取り出した情報は、これだけでは"考えを形成する"ことには直結しない。観点を定めて仲間分けしたり、互いに関係付けて図示したりするなどの"整理"をすることで、自分なりの考えが生まれてくる。ここでは、取り出した三つの「楽しさ」について、自分が伝えたいと思う順位を〇に書き入れる。情報（楽しさ）を順位付けして、その理由を考えることで、思考を促し、自分が伝えたいことや考えを明確にするための活動である。

問題の解決

ここでは、グループで話し合うことでほかの人の考えを知り、それを通して再度自分の考えを振り返り、最終的にどの"楽しさ"を伝えるのかを決める。

手順としては、まず、一番に選んだカードを示しながら、順に自分の考えを話していく。一回りしたら、自分とちがう"楽しさ"を選んだ人

に質問をしたり、感想や意見を述べたりする。

　一通りの質疑応答が終わったら、二番目に順位付けたカードを使って同じように話し合う。さらに、時間が許せば、三番目のカードについても話し合う。

　こうしてグループでの話し合いを終えた後、最終的な判断として、自分が伝えたい言葉遊びの"楽しさ"を一つ選ぶ。

言葉によるまとめ

　第三次では、これまでにつくってきた自分の考えを言葉にまとめ、学級の人たちに向けて発信し、交流する。

　まず、前の過程で選んだカードを基にして、自分の考えを文章に書く。その際、この単元の学習課題に沿った内容や構成で書くことが求められる。そのためには、子ども自身に学習課題を再度確認させることが必要だが、同時に具体的な指導も必要になる。

　本単元では、前の過程で作成したカードを活用し、その構成を骨組みとして文章化できるように、〈表12〉のようなワークシートを使う。子どもは、先のカードに記述した箇条書きの語句を基にして、上段の構成（骨組み）と、書き出しに当てはめながら、文章を書いていく。「れい②」では、自分で考えた言葉遊びを例として加えることも可能であろう。

　記述内容を想定したモデルとしては、〈表12〉のようなものが考えられる。子どもの実態によっては、参考としてこのモデルを示すことも有効であろう。

〈表12〉

伝えたいこと（楽しさ）	言葉遊びの名前	れい①	れい②	この楽しさを選んだ理由	まとめ
わたしは、言葉遊びの楽しさは、言葉の音と意味を組み合わせることにあると考えます。	その言葉遊びは「しゃれ」です。	たとえば「イクラはいくらだ」など、同じ音の言葉をちがう意味で使っています。	また「きみは、黄身が好き？」も、言葉の音と意味をつかったしゃれです。	しゃれを聞くとだれでもわらってしまいます。また、かんたんにできるので、友だちとのおしゃべりの中でつかうことができます。	言葉遊びの一番の楽しさは、音と意味を組み合わせることにあるのです。

発信と交流

　書き上げた文章を基に、自分の考えを発信し互いに交流する活動を行う。具体的には、グループの中で発表・交流した後、同じ"楽しさ"を選んだ者を集めたグループを編成し、そこでも発表と交流を行う。考えを発信する場は、できる限り複数回もちたい。そのことで、発表力そのものの向上を見込めるし、ちがう考えの者との多様な交流も実現する。単元の学習を通して、長い時間をかけてつくり上げてきた"自分の考え"である。できる限り大切に扱い、充実した発信・交流の機会を経験させていくようにしたい。

　なお、ここで文章を書いたり、それを基に話したりすることは、「読むこと」の学習活動の一環として行っているものである。したがって、文章の書き方や話し方の技能などについて評価することは必要がない。説明文を読んで自分の考えをもち、それを発信するという一連の流れの中で、文章から何を学び、何を生かすことができているのか、そこに主

眼を置いて評価していくことに十分留意しなければならない。

学習の振り返り

　学習の振り返りは、説明文の内容をまとめることではない。自分自身が行ってきた学習を振り返ってその成果をまとめることである。

　そのためには、まず、学習の手順（課題設定から発信と交流まで）を正しく認識することが必要である。その上で、"単元を通して考える問題"について、どのように追究してきたのか、またそのためにどのような課題に取り組んで、どのような力を身に付けることができたのかについて振り返って、自己評価を行う。

　3年生であれば、まず、ノートやワークシートを読み直して、自分たちがしてきた学習活動をグループで出し合い確認し合う活動を行う。その中で、自分が特にがんばったことと、できるようになったことを一つずつ挙げて、ノートに書き交流する。

　また、それと併せて、今回の学習では、何が楽しく、何が辛かったのかなど、"情意"面での感想も交流し、次にがんばりたいことなどを出し合って、学習活動全体をまとめていく。

> **ワーク5**
>
> 　単元：「説明文を読んで考えたことを伝えよう」の第一次「文章の大枠を捉える」、「説明の筋道を捉える」の過程を一時間の授業として、学習指導過程を作成してみよう。
>
> 【ワーク解説】
> 　一時間の授業の骨格は、物語を「読むこと」の学習指導過程と同様に考える。学習指導過程の様式についても、第2章「2　1時間ごとの学習指導過程」に示したものを基準にして作成することとする。

2 スピーチをする（話すこと・聞くこと）

(1) 話すことの学習指導過程

話すこと（スピーチ）の学習過程は、**内容をつくる→話を組み立てる→話し方を高める→発表し交流する**という四つのステップで進められる。さらに細かく学習指導過程を設定すると、次の図のようになる。

〈図13〉

「話すこと」（スピーチ）の学習指導過程

次	段階	項目	内容	過程
第一次	内容をつくる	学習課題の設定	話す目的、場、話題を確かめて、手順と学習目標を設定する。	話題の設定／情報の収集／内容の検討
		話題と主題の設定	話題に関する知識や認識を整理し仮の主題（伝えたいこと）を設定する。	
		取材	必要な情報を取材する。	
	話を組み立てる	情報の整理・選択	集めた情報を整理し、必要なものを選択する。	構成の検討／考えの形成
		構成メモの作成	主題を確定し、話の構成を考え、スピーチメモを作成する。	
第二次	話し方を高める	練習する工夫する高める	スピーチの練習をし、構成や言葉の工夫を加えてリハーサルし、表現を高める。	表現・共有
第三次	発表し交流する	スピーチの発表	スピーチをして、内容に関する感想・意見を交流する。	
		交流と相互評価	自分の省察、聞き手からの感想や意見をまとめて自己評価する。	
		学習の振り返り	学習の方法や手順を振り返り、めあてに沿って自己評価する。	

(2) 実践例：身近にある物のよさを伝えよう

　この学習指導過程に則して4年生のスピーチ活動を想定し、以下に、具体的な学習指導過程を設定する。

学習課題の設定

　まず、単元全体の学習活動の課題を設定する。関連する学習指導要領の指導事項を基に、単元名と学習指導目標を次のように設定する。

> 【単元名】
> 　身近にある物のよさを伝えよう
> 【学習指導目標】
> 　①身近にある物を調べて、そのよさについて話の中心が分かるように構成を考えてスピーチをする。
> 　②理由や事例を挙げて、間の取り方、言葉の強弱を工夫して話す。

　学習課題の設定に当たっては、次のような学習活動を設定する。
①これまでのスピーチの学習を振り返り、どのような話題を、どのような場で話してきたかを全体で出し合い確かめる。
②今回の話題「身近にある物のよさを伝えよう」について、どのようなスピーチができそうか交流する。
③4年生の「話すこと」の目標について説明を聞き、今回の学習目標を考える。
④スピーチを発表するために、どのような準備や練習をしなければならないか考えて、学習計画を立てる。

内容をつくる

〈話題と主題の設定〉

　単元全体の話題に基づいて、個々の子どもが具体的な"物"を選び、「○○のよさを伝える」というようにそれぞれの話題を設定する。

　主題とは、そのスピーチの中で伝えたいことの中心である。例えば、身の回りの物を「えんぴつ」とすると、そのよさは「濃い線が書ける」ということであり、それによって伝えたいことの中心は「私にとって、きれいな文字を書くために鉛筆はとても大切な道具だ」ということになる。

　このような例を示した後、話題と仮の主題を設定するために、次のような手順で学習活動を進める。

　①身近にある"物"を思い付く限り付箋に書き出す。

　②書き出した付箋をグループで出し合いながら、互いの思い付きを交流する（ブレーンストーミング）。

　③自分が話題としたい"物"を一つ選んで、仮の主題を考える。

　ここで「仮の主題」としているのは、着想の段階でとりあえず今考えていることを聞き留めておくという程度のことである。この後の取材で、その物について知識を得ることで「仮の主題」は修正されたり深められたりしていく。それを前提としてのことである。

　「伝えたいことを明確にしてから話す」ということがよく言われるが、実は、最初から伝えたいことが細部まで明確な場合は少ない。むしろ、話題を決めた後、そのことについてあれこれと考えたり、取材したりしているうちに、次第に"考えが形成"され、伝えたいことが明確になっているという方が実際のところであろう。子どもにも「仮の主題」、「仮の伝えたいこと」という言葉で指導し、活動を通して何度も練り直していくという意識をもたせた方が望ましい。

〈取材〉

　話題とする"物"が決まったら、次は必要な材料を集める取材を行

う。取材では、まず、自分自身の知識や認識を掘り起こし、確かめることから始める。

　例えば、「えんぴつ」であれば、何でできているか、何ができるかなどについて、1）すでに知っていること、2）観察して分かること、3）分からないこと、というように項立てをした表などに、思い付いたことをどんどん書き出していく。これ自体が、情報を集めるという意味で取材の一つである。また、この後に、図書館で資料を調べたり、誰かにインタビューしたりする際に、質問を焦点化する作業ともなっている。

話を組み立てる

　取材した情報を基に、話の内容をつくり、構成を考えていく過程である。

〈情報の整理・選択〉

　取材で集めてきた情報をスピーチの内容として"使える"ものとするために、分類、整理していく。その際、どのような観点で分類するのかについては、子ども自身が整理作業の中で気付いていくことが望ましい。だが、子どもの学習状況を見て必要であれば、指導者から示していくようにしなければならない。今回の話題で必要なことは、ア）その"物"がどのようなものかを説明するための材料、イ）その"物"で何ができるのか、ウ）使い方、エ）伝えたい"よい点"、というようなことであろう。

　分類整理が終わった段階で、使う情報と、使わない情報を選別していく。口頭で内容を伝えるスピーチでは、できる限り内容をシンプルにすることが望ましい。そのためにも、数多くの材料から、取り上げるべきものをしぼり込む作業は重要である。また、指導事項の「中心が明確になるように」にもつながる学習活動であると言える。

〈構成メモの作成〉

　選んだ材料を使って、話の組立を考え、構成メモを作成する。この時、子どもに任せずに明確な指導を行っていくことが重要である。具体的には、モデルを提示して説明し、それに当てはめながら、各自に構成メモを作らせていく。例えば、次のようなモデルが考えられる。

〈表13〉

タイトル〔えんぴつのよさ〕			
伝えたいこと：えんぴつは、濃くてくっきりした線が書けるから、私にとって大事な物だ。			
項目	内容	例	話し方
① 名前	物の名前	えんぴつ	
② 物の説明	何でできているか どのようにできているか	まわりは木 しんは鉛 しんを木ではさんでいる	
③ できること	何をするための物か 何ができるか	文字を書く けずることができる	
④ よいところ	よいところは何か	いつでも濃くてくっきりした線が書ける	
⑤ 例	たとえばどんなことか	＊紙に書いた字を見せる	
⑥ 理由	よいところの理由は何か	けずることで、先がとがるから	
⑦ まとめ	伝えたいこと	きれいな字が書きたいから、大切な物だ	

　授業では、各自が構成メモを作成した後、グループで助言し合う活動を行う。高学年であれば、構成メモを交換して、意見を付箋に書いて助言することなどができる。中学年では、構成メモを基に簡単に話してみることで、メモの内容を見直したり、気が付いたことを伝え合ったりする活動などが考えられる。

　なお、〈表13〉の右には「話し方」の欄を置いている。これは、次の過程で使用するためである。

話し方を高める

　構成メモを基に、実際にスピーチの練習やリハーサルを行って、話し言葉として質を高めていく過程である。音声言語の学習指導としては、最も力点を置くべきところである。

〈練習する・工夫する・高める〉

　ここで身に付けさせたい話し方の技能は、「間の取り方」と「言葉の強弱」の使い方である。どちらも、話の中の語句を聞き取りやすくすることが基本であるが、強調したい言葉を明確にするためにも使える技法である。

　授業では、まず、指導者が模範を示すことが不可欠である。子どもは耳で聞くことで、「間をとる」や「言葉の強弱」といったことを体感的に理解でき、自分でも使えるようになる。音声言語は、音声言語をもってしか指導できないことは、肝に銘じておくべきであろう。

　子どもの学習活動としては、指導者の模範例を聞いた後、自分の構成メモに従って、とりあえず声に出して練習をしてみる。その中で、どの言葉の前後に間を置けばいいのか、どの言葉を強めに発すればいいのかを考えていく。

　構成メモを見て、話し方の工夫を先に考えておいてから練習するという手順も有効である。だが、実際には、声に出してみて気付くことの方が多いようである。工夫することを考えながら、声に出してみて、それをまた調整する、というのが実際のところであろう。

　授業では、自分で練習したり、ペアやグループの人に聞いてもらったりしながら、練習を繰り返していく。そのことで、構成メモだけで話せるようになるのと同時に、話し言葉の質を高めていくようにしていくことが望ましい。

発表し交流する

　練習を積み重ねてきたスピーチを"本番"として発表する。ここで

は、準備と練習の成果を発表するということに学習活動の中心を置きたい。

　発表の目的は、自分が考え、練ってきた話を聞き手に伝えることである。したがって、発表の後の交流は、まず、内容がどのように伝わり、聞き手がどのような感想や意見をもったか、ということを大事にしたい。考えてみれば、我々は、内容を伝え、聞き手からなんらかの反応を引き出すために話をしているはずである。話し方の技能や滑舌のよさを披露するために話しているわけではない。スピーチの場では、話し手は何を伝えようとしているのか、聞き手はそれをどう受け取ったのかということが関心の中心になるはずである。教室においても、そのような話すことの本質は見失わないようにしたい。もちろん、学習の一環として取り組んできた技能についても、きちんと受け止め評価していくべきである。ただ、それは、話し手のスピーチを相対的に受け止め評価し合う活動とは切り離して、別の視点、姿勢で臨むべきことなのである。

〈スピーチの発表〉

　具体的には、スピーチを発表する学習活動では、次のことに留意したい。

○**場をしつらえる**…人前で話すという発表活動では、適度な緊張感が必要である。話し手と聞き手の"立場"がはっきりと分かる座席設定を行う。

○**司会者を立てる**…低学年では指導者であってもいい。場を取り仕切り、目的や話し手、聞き手の心構えなどを話して、改まった場を演出する。

○**発表者を紹介する**…司会者の役割である。スピーチのタイトル、これまでの練習や準備の様子（メイキングフィルムのようなもの）、発表者（話し手）の名前とプロフィール（褒め言葉などを一言添える）などを簡潔に話す。発表者の気構えと自信を支え、聞き手の集中と期待を高めることにつながる。

○聞き手にメモをとらせない…スピーチの際に聞き手に評価メモなどを持たせると、話し手の顔を見ないで手元の紙ばかりを見ることになる。聞く時は、話し手の顔を見て、聞くことに集中させるようにしなければならない。

○発表後、ねぎらいの言葉を掛ける…スピーチが終わったら、司会者から、「ありがとうございました。○○さんが、鉛筆を大事に思っていることがよく伝わってくるスピーチでしたね」などと、一言コメントを述べる。子どもの司会者では難しい場合は、指導者がコメントを述べる。スピーチについての評価を先に述べてしまうと、後の相互評価に影響するという見方もあるが、スピーチ後のコメントは、話し手への礼儀であり敬意の表明である。

〈交流と相互評価〉

○内容に関する交流をする…コメントの後、司会者は内容に関する感想を聞き手に求める。中学年以上であれば、「○○さんの話のどんな内容についての感想なのかを言ってから、お話ししてください」と指示する。低学年であれば「鉛筆のどんなところがよいと言っていましたか」「○○さんが、えんぴつを大事にするのは、なぜだと思いましたか」など、内容に関する質問をするのもいいだろう。話し手にとっては、自分の話がどう理解され、受け入れられたかが分かり、それが自己評価につながることとなる。

○話し方に関する相互評価を行う…話し方の技能に関して、互いに評価し合うことは、話し手にとっても聞き手にとっても有意義な学習活動となる。内容に関する交流と同様、ここでの相互評価も"よい点を積極的に認める"ことを基調とする。方法としては、まず評価の観点をいくつか挙げて、その中からよかった点を一つ以上と、改善した方がよい点を一つだけ挙げる程度が望ましい。速さ、間の取り方、声の大きさなど、細かな観点を表にして、そこに○△などを記入するような方法は、実際のところ子どもの適切な評価は望めないし、かえって話すことへの自信

や意欲をそいでしまうことになりかねない。

学習の振り返り

　前節で述べたように、ここでの学習の振り返りは、学習の手順（話題設定から交流・相互評価まで）を正しく認識し直すことが、まず重要である。その上で、自分が話題、主題としたことを相手に伝えることができたのは（あるいはできなかったのは）、手順のどこでどのようなことを頑張ったからかについて、分析的に自己評価する。

　また、この活動を終えた時点で、話すことに関する自分のよさ（能力として優れているところ）はどこにあるのか、今後取り組むべき課題は何かについて考える。

　最後に今回の学習では、何が楽しく、何が辛かったのかなど、"情意"面での感想を併せて、学習活動全体をまとめていく。

> **ショートコラム3　発表原稿は書かせないのか？**
>
> 　スピーチをする際に、話すことの全てを文章化したものを発表原稿という。
>
> 　発表原稿が全く必要ないというわけではない。特に低学年では、話す通りに書かれた発表原稿は、スピーチをする際の支えとなる。また、高学年でも、スピーチの言葉を練ったり、組立を工夫する際に原稿化してみることは有効な手だてである。
>
> 　ただし、発表原稿は、話す通りに書いたつもりでも、あくまでも"書き言葉"である。発表原稿を読み上げていくスピーチを聞いていると、話し言葉として不自然な部分が気になったり、平板だったりするため、言葉は耳に入ってきても意味や話し手の意図が伝わらないことが多い。
>
> 　また、いつまでたっても、発表原稿を書かなければ話ができないということでは、本当の意味で話す力が身に付いたとは言えない。構成メモを作成し、大まかな流れを頭に入れたら、後はその場で適切な言葉を選

びながら話すことができる、ということが実際に求められているスピーチの力である。

　話す力は、実際に話をする活動の中でしか身に付かない。発表原稿を書いたとしても、それをいったん捨てて、構成メモだけで人前に立って話せる、それが本当の話す力であると言えよう。

> ワーク6
>
> 　単元：「人のために働いている動物」を話題としたスピーチ活動の学習指導過程を作成してみよう。対象学年は４年生とする。
>
> 【ワーク解説】
> 　様式は、「読むこと」の学習指導過程と同様に、〈表8〉（P178）の形式で作成する。この節の初めに示した学習指導過程に即して、それぞれの過程における学習活動を具体的に想定して、学習指導過程の形式に整えていく。スピーチのモデルは、盲導犬や聴導犬などについて、想定した学習指導過程の学習活動を実際に行いながら作成していく。その際、４年生の子どもが作成可能なものにすることで、授業で"使える"モデルとなる。

3　論理的な文章を書く

(1) 書くことの学習指導過程

　書くこと（説明文）は、話すことと同様、言語を使った表現活動である。したがってその学習指導過程は、両者に共通する部分が多い。まず、文章に書くべきことの内容をつくり、その情報を組み立てて言語化する。書くことでは、言語化の過程が、書き言葉で文、文章を記述する

ということになる。話し言葉では、それを声に出して練習する過程で、言葉や組立を修正していったが、書くことでは、推敲という個人作業で言葉を練ることになる。そして、書き上げた文章は、他者に読まれることで交流、共有することになる。これをまとめると、書くこととの学習指導過程の大枠は、**内容をつくる→構成を考える→記述する→推敲する→読み合い、交流する**のように五つのステップとなる。

〈図14〉

「書くこと」（説明文）の学習指導過程

次	段階	項目	内容	区分	細目
第一次	内容をつくる	学習課題の設定	文章を書く目的、相手、題材を確かめて、手順と学習目標を設定する。	内容の検討	題材の設定
		題材と主題の設定	題材に関する知識や認識を整理し、仮の主題（伝えたいこと）を設定する。		情報の収集
		取材	必要な情報を取材する。		
	構成を考える	情報の整理・選択	集めた情報を整理し、必要なものを選択する。	構成の検討	考えの形成・記述
		文章構成図の作成	主題を確定し、文章の構成を考え、文章構成図を作成する。		
第二次	記述する	文・文章を書く	構成図の箇条書きを基に文として記述し、文章を作成する。		
	推敲する	推敲し、表現を高める	書いた文、文章を読み返して推敲し言葉を練り、表現を高める。	推敲	
第三次	読み合い、交流する	文章を披露し読み合う	自作を音読したり、読んでもらったりする。	共有	
		交流と相互評価	内容に関する感想・意見を交流する。		
			自分の省察、聞き手からの感想や意見をまとめて自己評価する。		
		学習の振り返り	学習の方法や手順を振り返り、めあてに沿って自己評価する。		

この大枠に則して、さらに細かく学習指導過程を設定すると、〈図14〉のようになる。

(2) 実践例：説明文を書く「たまごかけごはんの作り方」

　この学習指導過程に即して3年生で簡単な説明文を書く活動を想定し、以下に、具体的な学習指導過程として考えてみたい。

学習課題の設定

　まず、単元全体の学習活動の課題を設定する。関連する学習指導要領の指導事項を基に、単元名と学習指導目標を次のように設定する。

【単元名】
　"作り方"を説明する文章を書こう
　―たまごかけごはんの作り方―
【学習指導目標】
　①経験したことを基に、作業の手順を筋道立てて説明する文章を書く。
　②書く内容の中心を明確にして、段落相互の関係に注意して構成を考える。

学習課題の設定に当たっては、次のような学習活動を設定する。
①これまでに書いてきた文章を振り返り、どのような題材を、誰に向けて、なんのために書いてきたかを全体で出し合い確かめる。
②3年生の「書くこと」の目標について説明を聞き、今回の学習目標を次のように設定する。
　◆読み手にとって分かりやすい"作り方"を正しく伝える。
　◆伝えたいことをはっきりさせて自分らしい文章を書く。
③文章を書いて発表するために、どのような準備や練習をしなければ

ならないか考えて、学習計画を立てる。

内容をつくる
〈題材と主題の設定〉

　本単元では、手順に則して筋道立てて説明する文章作成法を学ばせることに主眼を置いているため、題材をあらかじめ「たまごかけごはんの作り方」に設定し、単元名を「"作り方"を説明する文章を書こう」としている。そこで、個々の子どもが手順の説明のほかに"伝えたいこと"、すなわち主題をもてるようにするために、副題を考える活動を行う。副題とは、例えば、「我が家オリジナルたまごかけごはんの一手間かけた作り方」や「世界一おいしいたまごかけごはんのかんたんな作り方」などである。

　学習活動としては、次のような手順で進める。
①ペアで、卵かけご飯を食べた経験を話し合う。
②自分が好きな、または食べたい卵かけご飯について、「○○なたまごかけごはん」に当てはめて考えて、グループで交流する。
③自分が伝えたい「たまごかけごはん」を「○○なたまごかけごはん」の形で表し、ノートに書く。ここでは、副題の前半だけを考えておき、「□□な作り方」の部分は、後の取材を通して考えていくこととする。

〈取材〉

　今回の文章で材料となることは、卵かけご飯を作る手順である。そこで、各自が経験を思い出して、その手順を整理することが取材活動となる。具体的には、短冊カードを使って、次のような学習活動を行う。

①卵かけご飯を作る手順を三〜四枚の短冊カードに書き出す。
②手順を詳しくするために、「どのように」を書き加える。
③作り方をさらに詳しくするために「この時のコツ」を短冊に書き

出す。

①**手順を書き出す**

まず、卵かけご飯を作る手順を詳しく思い起こして、「何をどうする」の文型でノートにメモする。物事を順序立てて整理することは、すでに低学年で行ってきている。中学年では、順に並んだ

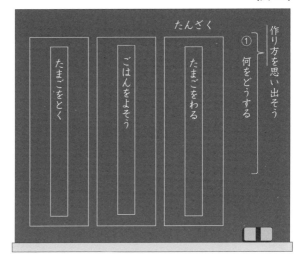
〈図15〉

情報の中から、中心となる事柄を選んで筋道立てて整理することが課題となる。この学習では、まずは、時間順に沿って卵かけご飯を作る手順を箇条書きでメモしていく。この時のメモは詳細で数が多くてもよいが、短冊に書き出す際には、その中から、主な柱となるものを三つか四つ選んで短冊に書く。この時、短冊の数を無制限にすると、手順が詳細になりすぎて、手順の流れが分かりにくくなってしまう。

②**「どのように」を書き加えて手順を詳しくする**

次に「何をどうする」の文型に修飾語を付け加えて、内容を詳しくしていく。

まず、導入過程で考えておいた副題「○○なたまごかけごはん」に「□□な作り方」を付け加える。このことで、自分が書こうとしている文章は、「○○なたまごかけごはん」を作る方法であり、そのための作

り方を詳しくする付け加えであることを確かめるようにする。その上で、文節ごとに（「たまごを」、「わる」）詳しくする言葉を付け加える。

③「この時のコツ」を書き足す

次に、作り方のコツを一文で付け加える。この時、一文とするのは、「別のおわんにたまごをやさしく、黄身をつぶさないようにしながらわります」という、複雑な文になることを避けるためである。一文で書き添えることで、「別のおわんにたまごをやさしくわります。このとき、黄身をつぶさないようにします」という記述に導くための配慮である。

②、③の作業を、はじめに書き出した短冊の全てに行う。

ここまでが「取材」の過程である。「取材」とは、書くために必要な材料を集めることである。したがってここでは、子どもが卵かけご飯の作り方という経験を思い起こし、"詳しくする"という目的のために、対象を見つめて言葉を見つけることが学習の中心である。ただし、短冊を使う方法では、取材と同時に、書くべきことを段落ごとにまとめる作業も並行して進めていることになる。

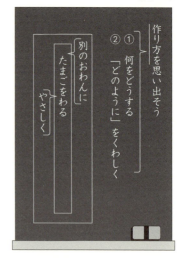

〈図16〉

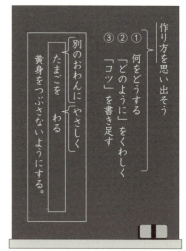

〈図17〉

実際の学習指導に当たっては、可能であれば、家庭学習として、実際に卵かけご飯を作る経験をさせておくことが望ましい。また、家庭の大人に、卵かけご飯の作り方を教えてもらったり、「どんな卵かけご飯が好きですか」といったインタビューをさせたりしておくことも、取材の一環として考えられる。

構成を考える
　取材した情報を基に、話の内容をつくり、構成を考えていく過程である。
〈情報の整理・選択〉
　ここでは、取材過程で書き出した短冊カードを読み直し、不要な語句を削ったり、新たに思い付いた言葉を書き足す作業を行う。短冊を使う

〈図18〉

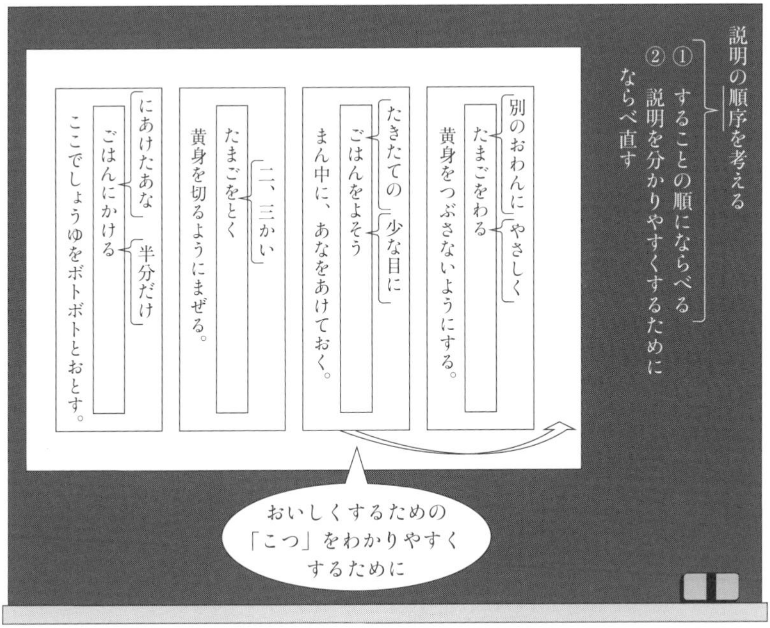

説明の順序を考える
① することの順にならべる
② 説明を分かりやすくするためにならべ直す

別のおわんに　やさしく
たまごをわる
黄身をつぶさないようにする。

たきたての　少な目に
ごはんをよそう
まん中に、あなをあけておく。

二、三かい
たまごをとく
黄身を切るようにまぜる。

にあけたあな　半分だけ
ごはんにかける
ここでしょうゆをボトボトとおとす。

おいしくするための「こつ」をわかりやすくするために

方法では、取材と情報の整理・選択が並行して進んでいくので、ここでの活動は、取材のまとめとして簡単に行う程度でよいだろう。

〈文章構成図の作成〉

　まず、短冊に書き込んだ内容をどのような順に書いていくかを考える。具体的には、短冊カードを一回り大きな用紙に並べて、順序を検討する。

　この時の基本は、「することの順に並べる」、すなわち、手順の進行順、時間順である。

　次に、伝えたいことを強調するために、並べ方を工夫する。例えば、卵のとき方が一番のコツであるとすれば、その短冊を最初にもってくる。そのことによって、手順を説明する前に、伝えたいことを最初に述べるという文章構成の工夫がはっきりする。

　短冊を並べ終わったら、「はじめ」と「まとめ」を加える。この二つでは、文章の主旨、つまり伝えたいことを明確に書くようにする。そのため、副題を再度確認し、それを首尾が呼応するように文を整える。3年生の段階では、ある程度の文型を示して、それをモデルとして書くようにするのが、無理のないところであろう。題名と副題も、この段階で書き入れる。

　また、「まとめ」には、「わたしは、このごはんを食べる時、作り方を教えてくれたおばあちゃんを思い出します」のように、書き手の思いを付け加えることもできる。卵かけご飯の作り方を伝えるだけでなく、そこに込めた書き手の思い出や感じ方を書き添えることで、文章の奥行きのようなものを求めることも、国語科の表現活動においては、大切にしたいところである。

　さらに、全体の構成を確認するために「はじめ」と「まとめ」という言葉を書き入れ、本文に当たる部分を「コツ」、「作り方」という言葉でまとめる。この際の用語は、文章の構造を意識化するために使うものであるので、それぞれの教室で考案したものでもかまわない。用語を固定

化、限定化するよりも、「はじめ」と「まとめ」を呼応させることや、本文の内容を大まかに分けることなど、子どもがその意味を捉えられるようにすることの方が重要である。

記述する
〈文・文章を書く〉

　まず、文章構成図に「はじめに」「次に」「さらに」など、段落と段落をつなぐ言葉を書き入れる。このことにより、段落相互のつながりをより明確に意識できるようにする。

　次に、文章構成図に書き込まれた箇条書きを、文の形に整えて記述し、文章を完成させていく。その際、作文用紙に記述しながら、必要なことを構成図に書き足したり、削ったりしていくようにする。いざ書き出してみると、新たに気が付くことがあったり、構成を変えてみたりすることは、自然であり、文章を書くという言語活動には当然のことである。

　実際の学習指導では、モデルとなる文章を示すことが有効である。箇条書きの文言を整った文種にすることは、そう簡単なことではない。文にする方法や細かな言葉遣いなど、迷った時に手引きとなるものが手近にあることで、子どもたちは自信をもって書き進めていくことができる。

　一つの例として、文章構成図とそれを文章化したモデルを〈図20〉に示す。

　ここに示したモデルは、基本的には、文章構成図の箇条書きの文言を文として整え、必要なことを少しだけ付け加えた程度である。モデルとして大切なことは、高いレベルの"理想"を示すのではなく、学級の子ども全員が無理なく到達できるレベルを示すことである。その意味で、書くことのモデルは、子どもの実態を把握し、それまでの学習指導過程を考案した学級担任が自分で作成することが最も望ましいと言える。

〈図19〉

文章構成図

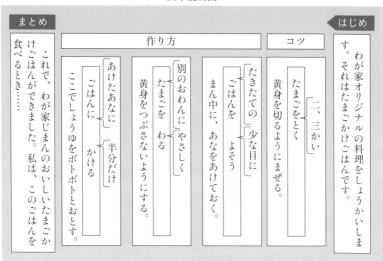

モデル文

たまごかけごはん
〜わが家オリジナルのこだわりの作り方〜

これからわが家オリジナルの料理をしょうかいします。それは、たまごかけごはんです。

わが家こだわりの作り方は、たまごのときかたです。たまごは、二、三回ときます。このときあなをあけておきます。

では、作り方を説明しましょう。まず、たきたてのごはんを少な目によそいます。このとき、まん中にあなをあけておきます。

次に別のおわんにたまごをやさしくわります。黄身をつぶさないようにします。コツは、前に書いたとおりです。

それから、たまごをときます。

そして、ごはんにあけたあなに、半分だけ、たまごをかけます。ここで、しょうゆをポトポトとおとします。

これで、わが家じまんのおいしいたまごかけごはんができました。わたしは、このごはんを食べると、作り方を教えてくれたおばあちゃんを思い出します。おばあちゃんが作ってくれたたまごかけごはんは、とてもおいしかったからです。

〈推敲する〉

　推敲には、間違いを正すことと、内容や表現を練り直すことの二つの作業がある。大人は、この二つを同時に行うことができるが、中学年あたりまでは、分けて進めた方が無理がないようである。

　学習活動としては、自分が書いた文章を読み直すことが基本である。中学年までは、小さな声で音読する。声に出して読むことで、文字や漢字の間違いに気が付いたり、前後のつながりの不自然なところを見つけたりすることができる。高学年でも、声は出さなくても、音読のつもりで読み直すことが効果的である。

　こうして見つけた間違いは、消しゴムで消さずに、赤鉛筆で線を引いて、その横に正しく書き直す。この作業は、簡単なようだが、繰り返し経験を積まないと身に付かない力であり、最も必要になる力である。小学校での推敲は、読み返して間違いを正すということができれば、かなりの部分、その目標は達成されたとみていいだろう。

　表現を練り直すためには、付け加える、文字や語を書き換える、余分、不要な部分を削るという作業を行うことになる。これらは、この順に難しい作業となり、子どもによってどこまでできるか個人差が生じるところである。

　実際の指導では、あらかじめ校正記号のようなものを決めておいて、それを使って推敲をしていくことになる。学年によって、どの程度の推敲を求めるのか、指導者が指導目標を明確にして臨むことが重要である。

読み合い、交流する
〈文章を披露し読み合う〉

　披露するとは、広く公開、発表し、"世に問う"ことである。文章を書くということは、なんらかのことを人に伝えることであり、読まれてこそ、文章を書くという行為は完結する。子どもには、このことを十分

意識させ、書き手としての主体性をもてるようにしたい。書き上げた文章を人に読んでもらうことを恥ずかしく感じたり、消極的になったりすることがないように、発表の方法や場の設定を工夫することが必要である。

披露する方法としては、具体的には、次のようなことが考えられる。
○自分で文章を音読して聞いてもらう。
○文章を交換して、黙読し合う。
○自分の文章をほかの人に音読してもらう。
○一定期間、教室に掲出しておいて、読んでもらう。
○文集などにまとめて、学級以外の人に公開し、読んでもらう。

本単元では、グループで順に自分の文章を音読して、聞いてもらう形式をとる。

いずれの場合も、読み合うための時間を十分設定することが重要である。また、読み手には、相手の文章に敬意と誠意をもって対応することを、事前指導として十分徹底しておきたい。

〈交流と相互評価〉

書き手にとっては、自分の伝えたかったことがどのように相手に受け止められたのかということが、一番の関心事である。したがって、披露された文章に対しては、まず、内容に関する感想や評価を交流する。文章には、どのようなことが書かれていて、読み手はそれをどのように受け止めたのか、率直な感想・評価を書き手に返すことを最も大事にする姿勢が重要である。

具体的には、次のような言葉の例を示すことで、読み手の発言を方向付けるようにする。

△「たまごかけごはんの作り方がよく分かりました。」
○「○○さんのわが家流とは、(1) たまごの黄身を切るようにまぜる、ということだと分かりました。(2) わたしの家は、しっかりま

ぜる方なので、どんな味がするのかなと思いました。」
* (1)　文章の中の言葉を使って分かったことを言う
* (2)　自分のこととくらべて、思ったことなどを言う

　一方、書き方については、よいところを認めることを基調とする。よいところの基本は、記述に間違いがなく、丁寧な文字で分かりやすく書かれていることである。まずは、その点を互いに認め合った上で、その子どもなりの工夫や努力点を評価し合う。ただし、その際にも、表現の技巧的なことを必要以上に"持ち上げない"ようにしたい。特に、本単元の学習では、一連の作業を過不足なく丁寧に説明する文章を書くことがねらいである。子どもの相互評価においても、単元の学習指導目標である「作業の手順を筋道立てて説明する」、「書く内容の中心を明確にして、段落相互の関係に注意して構成を考える」という観点から外れないようにしなければならない。時に子どもの文章には、個性豊かで秀逸な表現が生まれることがあるが、指導者は、それを過剰に評価することのないように留意しなければならない。

学習の振り返り

　ここでの学習の振り返りは、学習の手順（題材設定から交流・相互評価まで）を正しく認識し直すことが、まず重要である。その上で、自分が題材、主題としたことを相手に伝えることができたのは（あるいはできなかったのは）、手順のどこでどのようなことを頑張ったからか（あるいは失敗したからか）について、分析的に自己評価する。

　また、この活動を終えた時点で、書くことに関する自分のよさ（能力として優れているところ）はどこにあるのか、今後取り組むべき課題は何かについて考える。

　最後に今回の学習では、何が楽しく、何が難しかったのかなど、"情意"面での感想を併せて、学習活動全体をまとめていく。

ショートコラム 4 文章構成と言えば、「はじめ・中・おわり」？

　小学校では、文章の構成を「はじめ・中・おわり」という言葉を使って説明することが多い。しかも、1年生から6年生まで、この型が繰り返し使われている。

　「はじめ」と「おわり」については、文章の基本的な骨格として欠かせないところであろう。しかし、これは単に文章の中での位置を示しているに過ぎない。文章の冒頭部分と終末に、どのようなことを書けばいいのかが端的に分かる表現にすべきであろう。とりわけ高学年では、説明文の構造を援用して「問い掛け」と「答え」、「主張」などの言葉を工夫することが求められる。

　さらに問題なのは、「中」という言葉で、文章の中心部分をひとくくりにしてしまっている点である。これでは大雑把すぎて、文章の構成を考えることは到底できまい。また、どの学年のどの文章でもこの枠に当てはめてしまうのも、乱暴なことではないだろうか。

　とりあえず、「はじめ・中・おわり」という形骸化した言葉を使うことをやめる。そして、指導者自らが、内容に則して文章の組立方を考え、構成図の枠組みをつくっていく。そこから始めていきたいと思う。

ワーク7

　単元:「給食の配膳（はいぜん）の方法　—□□な給食のために—」を題材とした文章を書く学習指導過程を作成してみよう。対象学年は4年生とする。

【ワーク解説】

　様式は、「読むこと」の学習指導過程と同様に、以下の形式で作成する。この節の初めに示した学習指導過程に即して、それぞれの過程における学習活動を具体的に想定して、学習指導過程の形式に整えていく。

　説明文のモデルは、学級の実態に即しながらも、子どもの理想

や想像が広がるように創作する。短冊を使う方法のほかに、カードや付箋を使ったり、ワークシートを工夫する方法も考えられる。

「書くこと」（説明文）の学習指導過程					
単元名：説明文「給食の配膳の方法」を書いて提案しよう。					
【単元の学習指導目標】					
次	過程	時	ねらい	学習活動	知識・技能
第一次		1			

第4章
国語科の指導技術

1 指導言
（指示・発問・説明・評価）

言葉を学ぶ教科である国語科では、教室で交わされる言葉そのものが教材である。なかでも指導者の言葉は、常に最も質の高い教材となるものでなければならない。

授業中の教師の発言＝指導言

目的 ┬ 活動をさせる　指示
　　 ├ 考えさせる　　発問
　　 ├ 理解させる　　説明
　　 └ 評価する　　　評価

授業の中で、指導者が指導を目的として発する言葉を「指導言」と言う。指導言は、その目的・意図によって、指示、発問、説明、評価の四つに分けることができる。

指示

子どもになんらかの学習活動を行わせるための指導言である。指示は、指し示す内容と指導者の意図によって、二つに分けることができる。

〈**単純指示**〉行うべき学習活動を指示する。

　例：「教科書を開きなさい」「第三段落を音読しましょう」

〈**指導内容を含んだ指示**〉活動を通して考えさせる。考えながら活動するように促す。

　例：「『ごん』の気持ちが分かる言葉に線を引きなさい」「教室に飾りたい花を三つ考えて、その名前をノートに書きましょう」

指示を行う時は、学習活動の内容を明確かつ端的な言葉で発言することが大切である。「昨日の続きを読みましょう」では、どこを読むのか、音読か黙読かなどがはっきりしない。このような指示では、子どもは何をしていいのか分からず、"動き出し"がそろわないことになる。その結果、何度も指示し直すことになってしまう。

また、一つの指示に複数の内容を含まないようにする。「第3段落を音読して、『ごん』の気持ちが分かるところに線を引いて、ノートに書き写しましょう」など、学習の流れとしてまとめて説明することもあるが、それぞれの活動の前に、再度「まず第3段落を音読しましょう」と常に指示をし直すことが必要である。

さらに、指示した活動が終わった後にすべき活動を併せて指示しておくことも重要である。「第3段落を音読しましょう。読み終わったら、周りの人の声を静かに聞いていましょう」と指示しておけば、早く活動を終えた子どもも、落ち着いて待つことができる。

発問

発問とは、子どもに向けて問いを発することである。意図と機能によって次の四つに分けて考えることがで

〈問診的発問〉子どもの学習状況を探る
〈確認的発問〉思い出させる・手順を示す
〈主　発　問〉学習課題を考えさせる
〈切り返し発問〉思考を深めるために問い返す

きる。それぞれ重なる部分もあり、必ずしも明確に区別されるわけではないが、指導言の意図を明確にすることで、発話する内容や言葉がより洗練されることになる。

〈**問診的発問**〉とは、指導者が子どもの学習状況を把握するために行う質問である。興味・関心について「みなさんは、物語を読むことは好きですか」と聞いてみたり、学習の積み上げを探ってみるために「物語を読む方法について、どんなことを学習してきたかな」と聞いてみたりすることである。

〈**確認的発問**〉とは、それまでに学習したことや、これから行う活動の手順などを子ども自身に自覚化させるために問うことである。授業の初めに「『ごん』の行動から気持ちを想像するために、前の時間に学習

した方法は何でしたか」と聞いたり、途中で「行動を表す言葉を見つけて整理するためには、どんなことをすればよかったでしょう」と確かめたりすることである。同じ内容を指導者からの発言でまとめたり"押さえたり"することも可能である。しかし、子どもに問い、答えさせることの方が、より効果的であることは言うまでもない。

〈**主発問**〉とは、その授業で"考える問題"の核心部分に関わる発問である。前章までに詳しくふれているので、ここでは省略するが、学習指導の中で最も腐心すべきところである。

〈**切り返し発問**〉とは、子どもの発言を受けて、それを深めるために問い返したり、周囲の子どもに投げかけたりする発問である。

切り返しの方法には、次のようなものが考えられる。

・不足部分を問う…「○○ということは分かりました。□□については、どう考えますか」
・理由や根拠を問う…「あなたがそう考えたのは、なぜですか」
・補足を促す…「もう一度、もう少し詳しく話せますか」
・相対化する…「Aさんの考えとあなたの考えは、どこが違いますか」
・視点を変える…「今のことについて、逆の立場から考えることはできますか」

ほかにも、様々な切り口から子どもの発言を問い直すことで、補ったり、深めたり、時には転換させたりすることが可能であろう。子どもの発問を一問一答で終わらせたり、多数の中の一つとしておざなりに扱ったりせずに、指導者と子どもとの間に言葉のやりとり、すなわち対話を成立させることが、最も大事なことである。子どもの発言を適時、適切、効果的に切り返すことができる力が指導者に求められているのである。

説明

　学習内容を分かりやすく伝えたり、理解させたりするための指導者の

話である。授業のかなりの部分が、指導者の"説明"によって成り立っていると言ってもいいだろう。子どもにとっては、学習内容そのものであり、教材の一つでもある。

それだけに、指導者の"説明力"は、重要である。

指導者は、次のような点に留意して、聞き手である学年に応じた話し方をしなければならない。

〔1・2年〕順序に沿って整理して説明する。
〔3・4年〕理由や根拠を挙げて筋道立てて説明する。
　　　　　事例を挙げて、具体と抽象を行き来させながら説明する。
〔5・6年〕論理的に説明を組み立てる。

学年に応じてということは、相手である子どもが無理なく理解できる話し方をするということである。例えば、高学年を担任していた指導者が1年生の担任になった時など、分かりやすく話しているつもりが、子どもにとっては「難しくて分からない」と戸惑われることがある。逆に低学年を担任している指導者が高学年の子どもに話す時、「丁寧すぎて要点が分からない」と言われることもある。いずれにしても、学年に合わせて、相手が分かる話し方ができることが求められているのである。

また、説明に当たっては、言葉の選択も重要である。正しく美しい言葉を基本に、聞き手である子どもが容易に理解できる言葉を使うことである。そのためには、「清涼」を「すずしくさわやか」などのように、抽象的な熟語を和語に置き換えたり、「誠実」を「正直で真心のある」というように、易しい熟語で説明したりすることが必要になる。

ただし、国語科の学習としては、易しく言い換えるばかりでなく、時に応じて意図的に、子どもの知らない新しい言葉を使うことで、語彙を増やしていくことも重要である。いずれにしても、国語科という教科にとっては、指導者の言葉と話し方そのものが教材であり、その質が子どもの国語力に如実に表れることは、肝に銘じておくべきであろう。

評価

　ここでいう評価とは、子どもの活動や発言を認め、そのよさを評価するための指導言である。国語科においては、文章や作成資料のように学習成果が目に見える形を成す場合もあるが、授業の中での発言内容や話し方、言葉遣いなどに学習の成果が表れる場合が多い。そのため、学習活動の中で、リアルタイムに発せられる評価の言葉は、効果的であり重要な役割を果たすことになる。評価するのは、次の点である。

　〈**"考え"**〉発言や記述に表された"考え"の内容に対する評価である。"考え"の何が優れていて、どのような価値があるのか、本人や周りの子どもに伝わるように具体的な言葉で評価することが大切なポイントである。また、"考え"が個性的である場合も積極的に評価したい。この場合の個性的とは、"その子なりの"という意味である。際立った特性がなくとも、その子どもが自分の力で考えたことであり、その子どもの人柄が反映された考えであることを、大いに評価したい。

　〈**学習活動**〉課題解決のために主体的に活動ができているということ自体が評価に値する。また、それに至るまでの誠実な努力や取り組む姿勢、計画性や丁寧さなどの活動の質、関わっている子どもたちの協働性など、活動の成果や結果とは別の視点で、子どもの活動を評価することを大事にしたい。

　〈**学習成果**〉学習活動を通して至った結論や、そこでできあがった文章や資料などについて、質的な面から価値付けて評価する。学習目標や評価規準に照らして評価する場合と、成果物などを学級などの中で比較し、その出来栄えなどを相対的に評価する場合がある。評価の目的と場に合わせて使い分けていくことが必要である。また、学習成果に対する評価は、活動への取組姿勢などとは切り離して、成果そのものを客観的に評価しなければならない。結果さえよければ途中の経過はどうでもいいというわけではないが、予断をもって評価を左右することは避けなければならない。

〈向上的変容〉以前の状態とくらべて、より優れた内容や質に変容していき、その子どもの中での伸長が見られた時には、わずかな向上でも大いに評価したい。そのためには、子ども一人一人の学習状況を常に丁寧に把握しておくことが求められる。小さな変容を見逃さずに捉える指導者の目が求められるところである。

〈人間性〉人間性とは、本来、その子どもの考え方や振る舞い方に表れるものであるが、国語科の学習の中では、言葉に現れた部分を特に大事にしたい。それは、他者に向ける言葉の選び方や、声に乗せた時の音調に如実に表れるものである。また、人の話を聞いたり、文章を読んだりした後の感想の言葉などにも、優しさや思いやり、思慮深さや理知性など、様々な人間性が現れる。指導者はそれを捉えて、「今のあなたの言葉は、とっても優しいね」というように具体的に評価し、本人がその価値に気付けるようにしていきたい。"言葉が人を育てる。言葉で人を育てる"ということを実現する場でもある。

効果的な指導言とするための原則

指導者の指導言を、有効に機能させるためには、次のような原則がある。

【話す前】

学習活動を一旦止め、話し手に視線を向けさせる。指導者に集中できていることを確かめてから話し始める。

【話している途中】

途中で質問をさせない。また、聞き手の反応に左右されずに話しきる。

【話した後】

質問がないか尋ねる、ポイントを質問する、キーワードを復唱させるなどして、聞き手が確実に理解できているかを確かめる。

> **ワーク8**
>
> 「慣用句」について1時間授業を行う際、どのように「説明」し、どのような「発問」で授業を行うだろう。4年生を対象に、「うでを上げる」を例とした学習活動を想定し、「説明」と「発問」を考えてみよう。
>
> 【ワーク解説】
>
> 　まず、慣用句とは何かについて、正しい知識を確認しておくことが必要である。その上で、そこで使われている抽象的、概念的な言葉を4年生に分かるように"かみ砕いて"言葉にする。それを4年生段階の論理性を考慮して説明を組み立てる。
>
> 　「発問」では、どのようなことを考えさせるのか学習課題を設定し、〈問診的発問〉〈確認的発問〉〈主発問〉〈切り返し発問〉など、子どもの考えや発言を想定しながら、シナリオとして作成していく。
>
> 　納得と、慣用句という言語文化への興味・関心が生まれる授業づくりを目指した工夫が求められる。

2　学習形態とその指導法

　授業を進める形態は、指導者の立場からは「指導形態」、子どもの立場からは「学習形態」ということになる。

　1時間の授業は、一斉、個別、ペア、グループなど、様々な形態を織り交ぜて進められる。これらの形態のそれぞれの機能と有効性、課題や留意点を理解した上で、効果的に組み合わせて授業を構成し、それぞれの場面での学習形態に即した指導を行うことが重要である。

一斉指導

　学級全体の子どもが一斉に同じ学習活動を行う形態である。指導者の指示や説明に従って活動や作業を進めていく、いわば授業のベースである。

　この型の利点は、学習内容を学級全体に、一律に、効率的に伝えられるところにある。設定した学習指導過程に則して、前節の「指導言」で挙げた指導技術を駆使しながら、意図通りに子どもの学習活動を方向付けたり、進めたりできることが指導者としての最も基本的な"授業力"であると言えよう。

　ただし、一斉指導の形態では、子どもを"指示待ち"にして"受身的な学び"に陥らせてしまう可能性もある。指導者の説明を聞いたり、指示を受けて活動したりする場合でも、目的意識や見通しをもたせることは可能であり、必要である。一斉指導の場面においても、主体的な学びという視点は見失わないようにしたい。

　とりわけ、前節で詳説した"問答型一斉指導"の問題点については、十分留意する必要がある。この後に挙げるペアやグループ、個別の学習活動を折り込み、子どもの学習活動を主軸とした学習指導過程を目指すことを忘れないようにしたい。

個別指導

　ここで言う「個別指導」とは、一斉指導での指導者の指示や発問を受けて、子どもが個別に考えたり、作業したりする場面での指導形態である。

　まず、一斉指導で子どもへの指示や発問が明確で、適切になされていることが前提である。その上で、ここで指導者がなすべきことは、子どもの活動状況の把握と、活動途中の方向付けや指導、個別の子どもへの支援・指導の三点である。

　子どもの活動状況の把握では、まず、教室の中を巡って、子どもの活

動の様子をざっと捉える。指示は理解されているか、活動は進んでいるか、課題は難しすぎなかったか、指導者が意図した方向で進んでいるかなど、机の間を隈なく回りながら、全体的な状況を把握する。その時、活動が止まっている子どもが目に付くことがあるが、その場で立ち止まって個別指導をしてしまってはいけない。まずは、教室を隈なく回り、全体の状況を把握することを優先させる。

　その上で、指導者の意図通りに進んでいない場合は、一旦活動を止めさせて、追加の指示や方向付けの指導を行う。指導や支援が必要な子どもには、その後、机の傍に行って個別に助言したり励ましたりする。

　個別の学習場面の指導では、この順番が特に重要である。一斉での指示を終えた後すぐに、気にかかる子どもの傍に行き、そこに"張り付いて"しまうと、ほかの子どもの様子が見えなくなってしまう。そこでの時間を取られている間に、ほかの子どもの活動が止まっていたり、意図していない方向に進んでいたりしても、それを修正することができなくなってしまう。全体の状況を把握して、必要な手だてを講じた上で、個別の支援・指導に向かう手順を落ち着いて丁寧に行うことが肝要である。

ペア活動の指導

　隣り合った席の2人で話し合いや作業などを行う形態である。

　ペアの学習では、まず、相手に向けて言葉を発するということを重視する。自分の考えをとりあえず言葉にして、声に出して相手に伝えることで頭の中にある"考え"に形が与えられる。また、声に出して表明することは、自分の立場を明確にすることでもある。

　また、相手の話を聞くことは、自分の考えとの相違に気付くことであり、自分の考えを相対化し、深めることにつながる。ペアとの言葉のやりとりを通して、「自分と同じで安心した」、「なるほど、そんな考えもあるんだ」という思いがもてることは、協働的な学び、対話的な学びを

支える土台としてどの学年にも必要なところであろう。

そこで、まずは「線を引いたところを確かめ合う」という作業的なことや、「とりあえず思いついた言葉を三つ言ってみる」といった着想を出し合う活動など、単純で短い時間にできる活動から始め、ペアの活動に慣れさせていくことが必要である。その上で、授業の中に、感想や考えを交流したり、話し合ったりする"対話的な"学習活動を組み込んでいくようにする。

ペアで学習活動を有効に進めるためには、次のような手だてを講じることが必要である。
・ペアの交流の前に、相手に伝えること、話すことをメモさせる。
・互いの表情が見えるように、座席を向かい合わせる。
・あらかじめ、話す順番を決めておく。
・相手の話を聞いたら、分かったこと、思ったこと、考えたことなどを言葉で"返す"ようにする。

グループ活動の指導
　グループ活動とは、4人程度のグループで協力して学習課題に取り組む活動である。考えの交流、話し合い、情報の整理作業、発表のための資料作成など、様々な活動を行うことができる。

ペアの活動では、〈話し手〉と〈聞き手〉という二つの役割をこなせばよかったが、グループの活動では、それに加えて〈推進〉、〈調整〉、〈まとめ〉という役割を担わなければならない。また、人と人との関係も"私とあなた"という二者から、"私とA、B、C"、"私とその他"、"私と同じ　対　私と違う"など、多様で複雑になってくる。それがグループ活動の価値あるところであり、難しいところでもある。

グループ活動を有効に進めるためには、ねらいと内容、手順などを明確にしてから学習活動を進めるようにする。また、グループの全員が発言したり、作業に携わったりできるように、次のような指導が必要であ

ろう。
場を設定する
　互いが向き合えるように机を向かい合わせる。また、初めと終わりには、改まった態度であいさつさせる。日常の人間関係とは一線を画し、各自が役割と責任をもって活動に臨む場であることを意識させることは、重要である。
役割を担わせる
　低学年では、型通りの司会役を決める程度にとどめる。中学年以降は、〈進行（司会）〉、〈提案〉、〈調整〉、〈まとめ〉、〈報告〉などの役割を立て、各自がその役割に責任をもって臨むようにする。活動の後には、自分の役割に対して振り返りを行う。
　グループ活動が始まった後は、子どもの主体的な活動を見守る立場で指導し、必要な指導や助言は、各役割の子どもを通して行うようにする。
ねらいと手順を確かめる時間
　毎時間、活動の初めに、その時間のねらいと手順を確かめる時間をとる。できれば、各自の活動のめあてを表明することも加え、主体的に活動に向かえるようにする。
活動や発言を"見える化"する
　グループ活動が、言葉のやりとりだけに終わらないようにすることが重要である。そのためには、考えたことを付箋やカードに書き出したり、図式にまとめたりする活動などを設定する。口頭で交わされる言葉を文字などで見えるようにし、グループの真ん中に置くことで協働的な思考が促される。
結論、成果を求める
　グループ活動の目標として、必ず、結論や成果物を求める。話し合いであれば、どのような意見が出されたかを紹介するだけでなく、どのような結論に至ったかを明確に言語化させる。活動であれば、その時間に

何ができたのか、どこまで進んだのかを具体的に報告させる。指導者は、その成果を厳格に評価し、自分たちの成果を自信をもって捉えることができるようにするとともに、進んでいないグループには、自分たちの責任を自覚させることも必要である。

> **ワーク9**
>
> 　4年生で、「気持ちを表す言葉を集めて仲間分けをする学習活動」を行う際、一斉指導、個別指導、ペア活動、グループ活動の四つをどのように組み合わせて学習指導過程を構成すればいいだろう。1時間の授業の略案を作成し、その際のねらいや留意点について述べてみよう。
>
> 【ワーク解説】
> 　学習活動は単純で明解である。それを、四つの形態の特性を生かした学習活動として設定する。それぞれの形態で、何をどのように行うのか具体的に想定することが必要である。また、どのような手順で学習活動を進めるのかについても、それぞれの形態での学習活動を有効につなぐように留意することが必要である。

3　話し合いの指導

「話し合い」は、「話すこと・聞くこと」領域に位置付けられた指導事項の一つである。それを受けて教科書には、"話し合い"そのものを対象とした学習単元が設定されている。そこでは、話し合いの手順や方法、司会進行のルールなどを〔知識及び技能〕として学び、練習的な話し合い活動が行われる。まずは、教科書単元の学習指導を確実に行っていくことが、学年に応じた話し合いの力を育てるために欠かせないところである。

一方で、「話し合い」は、ほかの領域の授業の中でも頻繁に行われている。前節の「グループ活動の指導」でも挙げたように、1時間の授業の中心的な学習活動となることも多い。最近では「主体的・対話的で深い学び」を実現するための主軸となる学習活動としてますます重視されている。このような点を踏まえると、「話し合い」については、教科書の単元だけでなく、日常の国語の学習の中の「話し合い」を取り上げて、その在り方や指導方法を考えていくことが重要であると言える。

　そこで、本節では、実際の授業場面における"話し合い活動"について、具体的な指導方法を考えていきたい。そのため、第2章で示した「ごんぎつね」を教材とした1時間の学習指導過程を具体例として、「話し合い」という学習活動の側面から捉えて解説していくこととする。先に示した「学習指導過程の具体例」を参照しながら、読み進めていただきたい。

話し合いのステップと各段階での指導

　話し合いのテーマを示し、4人の机を合わさせて「では、グループのみんなで話し合いましょう」と指示するだけでは、話し合いの指導にはならない。子ども同士の対話を成立させ、深い学びが生まれる話し合いを実現させるためには、実際の活動をステップに分けて設定し、それぞれで細かい配慮と具体的な指導が必要である。

　話し合うという言語活動は、次のようなステップを経て進められていく。

〈**目的と情報を共有する**〉

　まず、最初のステップでは、話し合う目的を共有し、そのために必要な情報を出し合い、整理する。"話し合う"ことは、その場で思い付いたことを言い合うことではない。話し合いのテーブルに、共有できる情報を載せて、それを拠り所として互いの考えを出し合うことで論理的な議論が可能になる。

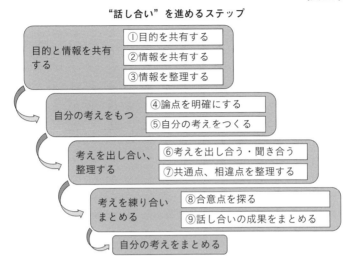

〈図20〉

　国語科の学習では、文章から取り出した要点やキーワードが中心的な情報となる。例えば、「ごん」の気持ちを想像するためには、「『ごん』の行動」がその根拠となる情報である。授業では、それを文章から取り出し、付箋に書き出す形で"話し合いのテーブル"に載せる。

　話し合いのテーブルに載せられた情報は、それだけでは、意味を成すものとして子どもたちにインプットされない。いくつか出された「『ごん』の行動」は、共通点や相違点などで整理する作業を通して、意味付けされ、有用な情報となる。

　ここまでが、目的と情報を共有するステップである。ここではまだ、核心にふれる話し合いは行わない。あくまでも、必要な情報を出し合い、整理することが目的である。グループの全員が話し合いに参加するためには、情報を受け入れる（インプットする）時間、整理する時間をしっかりともつことが必要である。

〈自分の考えをもつ〉

 ここでは、一旦、個人の活動に戻り、話し合いの課題について自分の考えを明確にする時間をもつ。そのためには、再度、話し合いの目的や論点を確認することが必要である。その上でノートやワークシートに自分の考えを書いてみる。その際、発話の形を想定して、話形を示すことも有効である。例えば次のような話形が考えられる。「ここで『ごん』のしたことは、いたずらだと思います。なぜかというと、つかまえた魚を『ぽんぽん投げこんでいる』からです」これは、すなわち、次の「考えを出し合う」ステップに向けた発言の準備である。

 話し合いに入る前に、一人一人がそこで発言する内容を発話レベルでもてるようにしておくことは、全員を話し合いに参加させる上で極めて重要である。このステップを抜かしてしまうと、その場で思い付いたことばかりが飛び交うような話し合いや、学力の高い一部の子どもだけが発言しているような話し合いに終わってしまうことになる。

〈考えを出し合い、整理する〉

 各自の考えを出し合い、対話し、議論するステップである。

 ここではまず、各自が前のステップでまとめた自分の考えを順に出し合っていく。この時点では、まだ、意見の交換は行わない。全員の考えが出そろうまで、受容的な態度で"聞く"ようにする。途中で否定したり、自分の意見に引き寄せて発言したりしてしまうと、話すことが苦手な子どもが気後れしてしまい、話し合いに参加できなくなってしまう。まずは、全員の考えをきちんと聞くというルールを徹底することが大切である。

〈考えを練り合い、まとめる〉

 次に、互いの考えを関係付けて整理していく。この時、発言のキーワードを付箋にして出し合ったり、グループの真ん中に画用紙などを置いて、そこに書き込みながら話したりするなど、各自の考えや話し合いの内容を"見える化"させることで、全員が参加し、筋道立てた議論が

交わされる話し合いとなっていく。いわゆる「思考ツール」などを使って議論を方向付けることも有効であろう。

　話し合いの最後には、必ず結論を求める。完全に一致することはないにしても、グループの全員が、これなら納得できるというまとめ方はできるはずである。低学年では難しいが、中学年になれば、「いろいろな考えがありましたが、AとBという考えにしぼりました」というようなまとめ方もできるようになる。高学年ではさらに、一つの結論にしぼり込むようなまとめ方もできるはずである。話し合いに臨む者に求められる基本的な態度として、結論を得る努力をすることを大切にしたい。

　なお、この段階からは、一定のルールに従いながら自由に発言していくスタイルの"話し合い"になる。司会の指示や発言の話形を細かく決めすぎると、言葉のやりとりの勢いを削ぐことになり、形式的な話し合いに陥ってしまうこともある。話し合いの手引きとして「話し合いのルール・話し方」などを配付する方法もあるが、子どもたちがそれをちらちら見ながら話し合いを進めてしまうため、不自然な話し合いになってしまうことが多い。ルールや話し方の指導よりも、話し合いに入るまでの準備や、適切なステップを設定する指導の方に力を割いていきたい。

〈**自分の考えをまとめる**〉

　話し合いを終えた後は、再度個人の活動に戻り、自分の考えをまとめる活動を行う。その際、話し合いの結論には縛られなくてもよい。学級会や委員会活動などで行われる話し合いでは、その結論は、参加者の合意事項であり、それに誠実に従うことが当然のルールである。しかし、学習場面での"話し合い"は、個人の考えを深めたり高めたりするために行われるものであり、その結果や途中の発言などは、学習の一コマとして見るべきものである。

　実際には、自分の考えを文章に書いてまとめることになる。その際、何をどのような構成で書くのか、ポイントとなることを指導することを

欠かしてはならない。授業の課題に沿って"考える問題"について、どのような"答え"を得たのか、そこからずれないように丁寧な指導が必要である。長い時間をかけて行った話し合いが「みんないろいろ考えていてすごいなと思いました」といったような感想に終わってしまうようでは、国語科の学習としては残念なことと言えよう。

> **ワーク10**
>
> 　「参観日に教室に飾るのにふさわしい花は何か」をテーマとした話し合いの学習指導過程を、"話し合い"を進めるステップに即して設定してみよう。
> 　子どもの学習活動と、指導者の指示や発問を略案の形で作成してみよう。また、作成する中で、話し合いの指導法について考察したことを簡単にまとめてみよう。
>
> 【ワーク解説】
> 　まず、話し合いを行うために必要な情報は何か、集めた情報をどのように整理するかを想定する。次に、その情報をどのようにして論理的に関連付けて、議論の筋道を立てていくかを考える。話し合いの流れを想定することが、最も難しいところであろう。また、子どもに向けた指示や発言も、実際に発話するとおりに具体的に考えておくことが重要である。

4　板書の技法

（1）板書の機能

学習内容を整理して示す

　これまでは、板書の機能の中で最も重要なことは、その時間の学習内容を整理し、そのポイントを分かりやすく提示することであるとされて

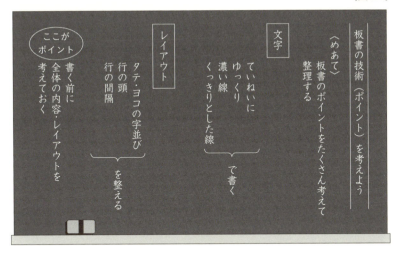

〈図21〉

きた。子どもは、そのような板書の言葉や図、矢印などの記号を目にすることで、授業の内容を整理した形で理解することができる。授業後の黒板を見て、その時間の学習内容が大まかに分かるようであれば、その授業は優れた授業であると評価されることもあった。

そのような板書の機能は、引き続き重要である。ポイントを押さえたキーワードを選び、関連付けながら構造化して見やすい板書を作成する技術は、指導力の重要な要素の一つである。

子どもの発言等を取り上げて整理する

学級全体で話し合う一斉指導の場面では、子どもの発言を取り上げて板書し、整理したり関連付けたりすることがある。指導者にとっては、発言内容の要点を要領よく捉え、授業の流れの中で手際よく黒板に書いていくことが求められるため、難しい指導技術の一つである。だが、自分の発言が認められたり、位置付けられたりして、授業の中で生かされることは、子どもにとってはうれしいことであり、教育的な意義は大き

い。また、板書によって、話し合いの話題が端的に示されることは、話し合いや交流の話題や論点を明確にし、円滑に進めることにつながる。この点でも、ぜひとも身に付けたい指導技術の一つである。

　ただし、これも上に挙げた内容整理と同じように、指導者が全体を統括していくタイプの一斉指導の中で使われる指導技術である。その必要性や重要性自体は、今後も変わりはない。しかし、「主体的・対話的で深い学び」を追究する学習指導過程では、これまでとは違った機能が板書に求められている。

学習活動の流れをつくる

　学習活動を主軸とした授業では、学習活動の流れを子ども自身が常に意識していることが重要である。そのためには、学習活動を進める手引きとしての板書機能が重要となる。

〈図22〉

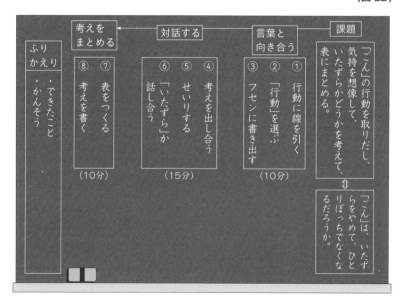

黒板には、本時の学習指導計画に即して、学習活動の流れが一目で分かるように図示する。そして、それぞれの過程で取り組む活動に①、②など番号を付けて手順を示す。また、時間の目途を書き込んだりするなど、子どもが実際に黒板を見ながら学習活動を進めることができるよう工夫する。

　このような板書は、1時間の導入過程で示す。指導者は、この板書に従って、子どもとのやりとりを交えながら、学習活動の課題や手順を確認していく。子どもはこの時間の流れを把握し、およその見通しをもつことができる。

教材を提示し、板書で指導する

　学習活動の流れを示した板書をベースにして、学習過程の進捗に合わせて教材や資料などを黒板に貼り出し、板書を一斉指導の場として使う

〈図23〉

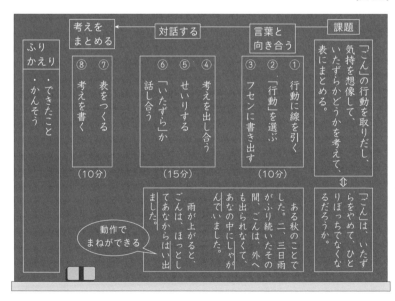

ことができる。例えば、個別の作業について説明・指示する際に、貼り出した文章を使って読む、線を引くなどの実際の学習活動をしてみせることが考えられる。画用紙などに書き写して作成しておけば、授業の進展に合わせて貼り替えることで、一つのスペースを有効に使うことができる。電子黒板や、パワーポイントなどを使えば、手間をかけずに板書と同じ機能として活用することもできる。

交流・対話の場としての機能

　例えば算数科では、一人の子どもが前に出てきて、黒板を使って計算問題を解いていく場面がある。子どもは、学級全員が注視する中で黒板に書いたり、消したり、修正したりするなどの活動を行っていく。ほかの子どもたちは、その作業に助言したり、意見を述べたりしながら、いわば、協働しながら学習を進めているわけである。

　国語科においても、小単元の言葉の学習などで、教科書の問題の答えを黒板に書いて全体で確かめることなどは見かけることがある。しかし、協働で一つの問題を解決していくような学習活動は、そう多くはないだろう。

　今求められていることは、黒板を協働の学習活動の場とすることである。例えば、人物の行動とそこから想像できる気持ちや意図を整理する表をグループで作成した後、学級全体で一つの表にまとめる活動が考えられる。拡大した表の枠を黒板に貼り付け、各グループが分担して書き入れていく。その後で、他グループの代表が前に出てきて、意見を交わしながら、修正や加筆をしていく。ほかの子どもたちは、代表者たちの活動を見聞きしながら、必要に応じて意見を述べたりしていく。

　黒板は指導者が書くものという観念から離れて、協働思考の場として機能させることが、今後一層重要なこととなるだろう。

　今後は、さらにその際、黒板の一部で作業を進める一方で、内容を整理したり、ポイントをまとめたりできるスペースを確保しておく。場合

によっては、小黒板や短冊黒板、マグネットシートを活用するなど、黒板のスペースを有効に活用する。

　このように板書を使う場合は、学習指導計画を考える際に、板書する内容や構成を十分検討し、いつ、どこに、何を書くのか、板書計画を作成しておくことが必要である。

(2) 板書の技術

正しく整った文字を書く

　板書の最も重要な技術は、チョークを使って正しく整った文字を書くことである。そのためには、小学校の学習漢字の全てを正しい筆順で、整った字体で書けることが基本になることは言うまでもない。その上で、チョークを使う練習は、是非とも日々重ねておきたい。

　その際のポイントは、力をしっかり入れて、濃く、しっかりした線で書くことにある。一番後ろの席からくっきりと見える線が書けることが板書技術の第一歩である。また、ゆっくり丁寧に書く習慣を身に付けることが大切である。学年が上がるにつれ、板書する内容が増え、文字を書く速度も速くなっていく傾向があるが、ゆっくり丁寧に書くという原則は崩さないようにしたい。

　子どもは、毎日目にする板書の文字を手本として、文字を書く力を身に付けていく。指導者は、自らの文字が教材としての役割を果たしていることを意識して板書に臨むことが重要である。

黒板全体のレイアウトを考えて書く

　国語科の板書は、縦書きで行を垂直に歪みなく書くことが基本である。また、タテやヨコの文字の並びや、行の頭や間隔をそろえるなど、見やすく美しい板書とするよう常に心掛けたい。

　その上で、黒板全体のレイアウトをあらかじめ考えておくことが大切である。そのためには、授業計画の一環として、板書計画を立てておく

ことが必要である。板書計画は、1時間の授業の終了時点を想定して、文言やレイアウトなどを検討しながら1枚の用紙に書き出していく。それを基に、教室の黒板を使って、およその内容をラフスケッチしてみるのもお勧めである。

より効果的な板書

　黒板に文字を書くことに関する技術のほかに、板書の機能をより効果的にするために、次のような技術がある。

○**指導者が書いている時は、チョークの先を見せる**

　指導者がゆっくり丁寧に黒板に文字を書いている間、何も指示しないでおくと、子どもの集中が途切れてしまう。基本は、板書した文字を一緒にノートに写させることである。その時は「先生が書くのと同じ速さでノートに書いていきましょう」と指示をする。これは、高学年になっても変わらない。指導者は、低学年ではゆっくり丁寧に書き、高学年になるにつれて意図的に速くしていき、子どもの書写力を鍛えていく。

　だが、小学校では、板書の全てを写させるわけではない。指導者が板書しているのを"見ている"だけの時間が生じることもある。その時には、「先生がどんなことを書くのか、チョークの先を見ていると分かります。チョークの先をしっかり見ていましょう」と指示する。指導者は、時には、板書している途中でチョークを止め、「次は何を書くと思う？」と問いかけてみたりしながら、子どもの様子を確かめつつ板書を進めていく。板書の間も、子どもとのコミュニケーションを絶やさないようにすることが重要である。

○**何について書くか、告げてから書く**

　文字を書き出す前には「これから、今日の課題を書きます」や「今、話してくれたことをまとめて書きます」などのように、書く内容やねらいについて、簡単に子どもに告げるようにする。このことで子どもは、指導者が書く内容や文言を予測しながら、板書を見たり、書き写したり

することができる。これは、上で述べた板書中のコミュニケーションという意味でも、重要なことである。

○**書きながら話さないことが原則**

　ただし、指導者が文字を書いている間は、話さないのが原則である。文字を書いている時は、指導者は黒板に向かっていて、子どもには背を向けていることになる。子どもと目線を合わせないで話しかけても、子どもには届かないし、その反応もつかめない。文字を書き出したら書くことに集中する。話す必要があるときは、チョークを止めて子どもに向き直ってから話す。これが原則である。

○**写すための時間、タイミングを考える**

　国語科の学習では、板書の全部をノートに書き写すことは少ない。板書のどの部分を書き写させるのかを、子どもに明確に指示するとともに、書く時間を設定する。また、指示したことが書けているか、子どもの様子を確認してから、授業を進めるようにする。これらのことを、学習活動の流れを妨げないようなタイミングで行わなければならない。1時間の学習活動のどこで、板書を写させるのか、学習指導計画の一つとして熟考しておくことが必要である。

> **ワーク11**
>
> 　新出漢字「焼」の学習活動を想定し、板書計画を作成してみよう。時間は15分とし、黒板全面を使うこととする。また、作成した板書計画の意図や工夫した点について、簡単に述べてみよう。
>
> 【ワーク解説】
>
> 　漢字の学習に必要なことは、読み、書き、点画の構成、書き順、由来、熟語づくり、例文づくりなど、多様な展開が考えられる。これらを"教え込む"のではなく、子どもが興味や関心をもって主体的に取り組めるように学習過程を設定することが必要

である。その上で、どのような機能を生かした板書にするか工夫していくことが求められる。

5　ノート指導

　中学校や高等学校の生徒にとってのノートは、単に板書を写すことにとどまらず、授業で学んだ知識などを自分なりに再構成していく高度な知的作業である。小学校においても、基本的には、このことに変わりはない。高学年ともなれば、自分なりに工夫したノートで、授業の内容を手際よくまとめることができるようになる。板書を書き写すことから離れて、自分で"ノートを作る"ことができるようにすることが、ノート指導の本来的な目的である。

　また、ノート指導は、各教科においてその特性に応じて指導されるべきものである。だが、文字を書くことと、日常生活の中で書くことを役立てる活動である点から、ノート指導は、国語科が担うべき重要な役割であるとも言える。

入門期・低学年のノート指導
　小学校低学年で行われているノート指導は、上に述べたこととは次元の違うところで行われる。まさに、ノートを書く基礎・基本を一つの技能として徹底して身に付けさせる指導である。例えば、1年生では、一般的に次のようなことが指導されている。

鉛筆を正しく持つ／机に真っ直ぐ向かい、よい姿勢を保つ／書く時は、手でノートを軽く押さえる／下敷きを敷く／鉛筆の先に力を加えて、濃くしっかりした線で書く／文字は、マス目いっぱいに書く／線を引く時は、定規を使う／消しゴムで消す時は、紙をしっかり

> 押さえて、消しゴムを小さく動かしながら消す／しっかり消してから書き直す／鉛筆は毎日削る

　ここでは、小学校での学習生活の躾の意味を込めたものもあるが、とにかく、細かな約束や方法がノート指導の基礎・基本として行われているわけである。
　これでは細かすぎて、子どもが窮屈ではないかという見方もある。だが、低学年で、このような力をきっちりと身に付けておくことが、後々の学習の基盤となることは、間違いのないところであろう。
　指導に当たっては、とにかく、丁寧に細かく、繰り返し時間をかけて行うことである。特に鉛筆の持ち方については、常に注意を向けて観察し、機会があるごとに指導していくことでしか、身に付けさせることはできない。少しばかりうるさがられても、しつこく指導を徹底することが、低学年を担当した指導者の大事な役割である。
　このような細かな指導は、実際には、板書を書き写す学習活動の中で行うことになる。小学校低学年の段階では、少し離れたところにある黒板の文字を、手元のノートに書き写すこと自体が易しいことではない。その上、線や記号も含めて、レイアウトも気にしながら書き写すとなると大変なことに違いない。そのため、指導者は、子どものノートと同じマス目の黒板を使って、板書する一行の文字数にも気を配ることが必要である。また、子どもの書く速さに合わせて書くこと、ノートの何行目のどのマスから書き始めるのかを指で指示して確かめさせることなど、細かな配慮と行き届いた指導が必要である。
　なお、ここに挙げたノート指導の内容については、どの学年でも４月の早い段階で、学年に応じた内容で、子どもと一緒に確認しておくことが必要である。学習規律の一つとしてというよりは、文字を書く、書面を整えるということの基礎・基本として常に大切にしたい事柄が含まれているからである。

中学年以降のノート指導

　板書を正しく書き写せるようになったら、次は、そこに様々なことを書き加えていくようにする。様々なこととは、例えば次のようなことである。

- 「ここがポイント」や「要注意！」など、要点や重要箇所を示す言葉や記号など。
- 「なるほど」や「分かった！」、「…？」など自分の理解度を示す言葉や記号など。
- 板書には書いていないが、先生が言っていたこと。
- 板書に書かれていることについての、自分なりの解説や補足。
- 授業やグループの中で交わされた意見や、ほかの人の考えなど。

　このような活動は、板書の内容を基本として、その周辺に自分なりの解釈や考えをメモとして付け加えていく方法である。中学年では、簡単なことから始めて、少しずつ書き加えることを増やしていくようにする。

　高学年になれば、板書のとおりであることにこだわらず、ノート紙面のレイアウトを工夫したり、疑問や考えなどを書き入れたりするなど、自分なりの書き方や工夫に重点を置くようにする。

　また、中学年までは、このようなノート作成を行う時間を授業の中で十分とるようにしたい。高学年になれば、話を聞きながらや、隙間の時間を使って効率的にノートをとることができるようになるが、それまでは、一斉に時間を設定することが望ましい。授業の中で時間がとれない時は、家庭学習として、「ノートまとめ」や「ノートづくり」を課すことも有効であろう。いずれにしても、落ち着いてノート作りに取り組めるように配慮することが必要である。

　さらに、各自が作成したノートは、学習成果の一つとして交流し、それぞれの工夫やよい点を学び合ったりすることも重要である。指導者からも、効果的な方法や、個性的な工夫などについて積極的に評価し、

ノート作成の質や技能を高めていけるように意図的な指導を行うようにする。

　このような意図的な指導によって、受身的に板書を書き写すことから、そこに自分を投影し、自分なりのノートを"作っていく"ことへ、少しずつその質を高めていけるように、指導していくことが重要である。

> **ワーク12**
>
> 　前節の「学習活動の流れをつくる」で示した板書例（P.254）を基に、ノートのモデルを作成しよう。なお、中学年以降のノートを想定し、1ページ分のノートとする。また、そのモデルを使って指導する際、子どもに向けた解説のポイントを箇条書きで整理してみよう。
>
> **【ワーク解説】**
>
> 　まず、板書のどこを書き写させるのかを考える。その上で、指導者の指導言や、子どもの発言を想定し、書き加えていく。さらに、記号やコメントなど、自分なりの工夫を考えてみることで、効果的なノートのモデルを想定することができる。

著者紹介

辻村敬三（つじむら けいぞう）

京都府生まれ（1959年）
大阪成蹊大学教育学部・大学院教育研究科准教授を経て、2019年4月より教授。
京都府内の小学校教諭を経て、京都府山城教育局指導主事・京都府教育庁指導部学校教育課指導主事・京都府総合教育センター主任研究主事兼指導主事を経て現職。

論考
「文学的な文章の学習指導における範読の実態と効果的な方法」（日本教科教育学会誌　第36巻第2号　2013年）
「読むことの単元の導入方法に関する研究〜小学校・文学的な文章の場合〜」（京都教育大学国文学会誌　第41号　2014年）
「小学校国語科「書くこと」領域における「随筆」のモデル試案」（大阪成蹊大学紀要　教育学部編　第1号　2015年）
「考えの形成を図る「話し合い」の手順と発話モデル」（月刊国語教育研究No.555　2018年）
「言語活動と一体化する"物語教材"の単元構成」（明治図書教育科学国語教育2015年）

国語科内容論 × 国語科指導法
平成29年版学習指導要領に基づく国語科学習指導の在り方

2019（平成31）年3月16日　初版第1刷発行
2025（令和7）年2月14日　初版第5刷発行

著　者：辻村 敬三
発行者：錦織 圭之介
発行所：株式会社 東洋館出版社
　　　　〒101-0054　東京都千代田区神田錦町2丁目9番1号
　　　　　　　　　　コンフォール安田ビル2階
　　　代　表　電話 03-6778-4343　FAX 03-5281-8091
　　　営業部　電話 03-6778-7278　FAX 03-5281-8092
　　　振　替　00180-7-96823
　　　Ｕ Ｒ Ｌ　https://www.toyokan.co.jp

装丁：國枝達也
本文デザイン：藤原印刷株式会社
印刷・製本：藤原印刷株式会社

ISBN 978-4-491-03661-8
Printed in Japan